김명옥 제11시집

등 따숩고 싶은

도서출판 오늘

시인의 말

남들이 기억하는 내 등이 따뜻했고
따뜻하고 따뜻하길 바라면서
내가 먼저 등을 내밀어 본다.

등 따숩고 싶다.

2025년 6월

김 명 옥

차 례

1부 - 비법이라고

입맞춤 ·· 11
비법이라고 ·· 12
바람인형 ·· 14
등 따숩고 싶은 ···································· 16
인연의 무게는 얼마일까 ····················· 18
내 맛은 ·· 20
어찌해야 하나 ····································· 22
함께 ··· 23
바다도 가끔은 ····································· 24
질문은 없었다 ····································· 26
떼창 ··· 28
어떤 그림 ·· 29
무릎 꺾었나 ·· 30
무슨 인연 있어 ··································· 32
눈치 없는 ·· 33
발자국 ··· 34
비는 오는데 ·· 35
그림 ··· 36
숨소리 ··· 37
폭소 같은 함박눈 ······························· 38
물방울의 반란 ···································· 39
경칩이 내일인데 ································ 40

2부 - 비만 쫄딱 맞은

고봉밥 같은 낮달 ················· 43
비만 쫄딱 맞은 ··················· 44
수박 한 통 ······················· 46
겨울바다 ························· 47
오늘을 쓰다 ······················ 48
느티나무의 꿈 ···················· 49
내일이 없는 것처럼 ················ 50
바람은 한 곳으로만 불었다 ········· 52
배려 ····························· 53
모르겠다 1 ······················· 54
모르겠다 2 ······················· 55
모르겠다 3 ······················· 56
핀셋 방역 ························ 57
참, 뭐 같네 ······················ 58
뜨거운 비 ························ 59
거기서 거기 ······················ 60
눈물 흔한 여자가 그립다 ··········· 61
매직아이 ························· 62
소낙눈 ··························· 64
나이를 먹어도 ···················· 65
사월이 왔는데 ···················· 66
이 나이에도 ······················ 68

3부 - 손가락을 깎았다

알 수 없어요……………………………………71
호박꽃도 꽃이냐고요?………………………72
손가락을 깎았다………………………………74
개망초……………………………………………75
부작용인가 착각인가…………………………76
나는, 참 좋다……………………………………77
하얀 전설…………………………………………78
삶의 찌꺼기………………………………………80
어둠이 흔들렸다………………………………81
불평등이 아름답다……………………………82
눈이 내렸을 뿐인데…………………………… 84
긴 그림자…………………………………………85
그럭저럭…………………………………………86
아름다운 구멍…………………………………87
이마가 환하다…………………………………88
뿐인데……………………………………………89
시한부 삶…………………………………………90
다르면 안 되나요………………………………91
눈터지는 소리…………………………………92
당부…………………………………………………94
닭발톱을 깎는 사내……………………………95
속내를 알 수 없는………………………………96

4부 - 매미껍질과 나는

물방울의 무게····················99
모든 것은 코를 곤다··············100
밤송이에 대한 묵념···············102
산길에는 소리가 산다·············104
매미껍질과 나는··················106
겨울로 가는 풍경·················108
지나침을 경계하라················109
흰 구름 몇 덩이··················110
버섯꽃밭························111
인연 따라 오고가는···············112
난, 다섯 살이니까················113
숲속일기························114
맛있는 게 없으면·················116
그렇게 그냥·····················118
개미가 분주하다··················119
비상구가 흔들린다················120
푹 꺼진 자리····················121
하얀 머릿속·····················122
빗물이 짜다·····················123
소리····························124
모자를 꺼냈다····················125
나이 먹는다는 것·················126

5부 - 출구는 어디에나 있다

몇 잠 남았을까 - 관찰일기1 ·················· 129
거품과 나 - 관찰일기2 ····················· 130
가슴에 구멍을 팠다 - 관찰일기3 ············· 132
먹그림 1 - 어둠 ···························· 134
먹그림 2 - 오전리 포차 ····················· 135
먹그림 3 - 애용품 ·························· 136
먹그림 4 - 혼자 먹는 한 끼 ·················· 137
먹그림 5 - 고등어의 눈물 ··················· 138
먹그림 6 - 레깅스 ·························· 139
첫 단추를 끼우며 - 백수일기9 ··············· 140
비방 아닌 비방 - 백수일기10 ················ 141
이리 씹고 저리 씹고 - 백수일기11 ············ 142
3만원의 무게 - 백수일기12 ·················· 143
나와 누에는 - 백수일기13 ··················· 144
백수의 시간 - 백수일기14 ··················· 145
출근과 퇴근 - 백수일기15 ··················· 146
출구는 어디에나 있다 - 백수일기16 ·········· 147
우린 모두 산이니까 ························ 148
사람이 섬이다 ···························· 150
세월 ···································· 151
바다가 그리운 소라 ························ 152
못난이 ·································· 154
자서＜시작노트＞ ·························· 155

제1부

비법이라고

입맞춤

입춘 폭설한파에 또 폭설경보 한파경보가 덮친 날
율동공원으로 난 허리 굽은 골목길로 들어선다
미처 녹지 못한 눈이 그대로 눌러앉은 골목 끝에서
갑자기 달려든 칼바람에 입맞춤 당했다
피할 틈도 없이
코끝이 쨍하다
콧속이 댓잎처럼 서걱거린다

함박눈이 눈앞에서 아우성이다
섣달그믐날 밤에 내리는 눈을 남몰래 혼자 받아먹으면
그해 더위 타지 않는다고

가슴 뛰게 하는 함박눈이 칼바람을 앞세우고 또 우루루
달려온다
심호흡한다
하늘 삼킨 함박눈이 까마득한 골목길
우수를 앞둔 발칙한 칼바람과 입맞춤하는

입술 파릇파릇한 성급한 봄내음

비법이라고

레몬을 갈았다
그런데 손가락도 함께 갈았다

늙은 피부를 젊은 피부로 싹 바꿔주는 비법이라며
친구가 은밀하게 전해 준 그 비법에 그만 중지와 약지 첫 마디를 갈아버렸다

이 나이에도 여전히 탱탱한 피부이고 싶은 욕망이 손등에 자리한 서러운 저승꽃을 가리키며
비법이야 비법이라고
속삭였다

먹물처럼 번지는 핏물 왜 하필이면 손가락인지
물었다

늙고 병들고 죽는 평등한 진리에서 나만은 예외이고 싶은 세월이 더 낡으면 그때도 나만은 예외이고 싶은 세월이 더더 낡으면 그때도 나만은 예외이고 싶은 욕망이 너덜거리는 살점을 호외처럼 흔들었다

여기도 예외 저기도 예외 이것도 예외 저것도 예외
빨간펜으로 밑줄 그은 특별 주문같은 나만은

물었다 욕망이
손등에 자리한 서러운 저승꽃을 가리키며 속삭였다
비법이야 비법이라고

바람인형

바람인형을 아십니까? 길거리에서 종종 마주치는 거대한 바람인형
그곳이 주유소 앞이든 건물 앞이든 가게 앞이든 때와 장소를 가리지 않고 춤추는 거대한 사람인형 말입니다

주저앉는 척하다 다시 일어서고 쓰러지는 척하다 다시 일어서는
장난기 발동한 개구쟁이처럼 왈칵 달려들다가 고개를 푹 꺾고 허리 깊게 굽혀 절하고 비틀거리는 척 허리를 쭉 펴고 양손을 흔들거리며 능청스럽게 허공에다 클클거리는

똑 같은 동작을 무한반복 하는 바람인형

주저앉았다 일어서는 것도 바람 몫이고 일어섰다가 쓰러지는 것도 바람 몫인
죽고 싶어도 살아있어야 하고 살고 싶어도 죽어있어야 하는 우스꽝스런 과장된 몸짓을 무모한 허세라고 비웃어도

밟아도 거꾸러뜨려도 다시 일어서는 일어설 수밖에 없는
운명

한계를 알면서도 도전하는 도전할 수밖에 없는 숙명

사람이 인형이고 인형이 사람인
욕망을 춤추는 삶은
용기인가 욕심인가

바람만 있다면 그곳이 어디든 언제든 춤을 추는 거대한
사람인형
바람인형을 아십니까

등 따숩고 싶은

햇살이 등 따순 골목길 보도경계석
일렬로 앉은 할머니들 옆에 자리 잡은 프레시 매니저 프
레시 매니저보다 야쿠르트아줌마가 더 익숙한 야쿠르트
아주머니도 할머니의 시간에 앉았다

그림자 사이로 떨어지는 햇살이
그림자에 흔들린다

늙어서도 꽃이고 싶은 꽃무늬 모자로 세월만큼 구부정한
시간은 가렸지만 모자 밖으로 삐져나온 눈부시게 화사한
귀밑 흰 머리칼은 어쩌지 못한
오후 풍경이 웃는다

아이스크림을 핥으며
바람에 벗겨진 꽃모자를 한 손에 들고 부끄러워 웃다가
서로 미안해 웃다가 수줍은 손사래가 고마워 웃다가 그
리고도 한참 식어버린 3박자커피가 아쉬운 시간 할머니
들이 느릿느릿 풍경 밖으로 나가고 야쿠르트아주머니도
야쿠르트 카트와 함께 풍경 밖으로 나가고

체온만 남은 골목길 보도경계석
햇살 등 따순 풍경

나도 누군가와 등 따숩고 싶은

인연의 무게는 얼마일까

나뭇가지가 내 머리에 내려앉았다
몸짓은 나비였는데 거칠고 무뚝뚝했다

느티나무 한가운데
놀랍게도 한겨울 낮달을 품은 까치집
목청 높인 날갯짓이 요란하다
한 놈은 연신 나뭇가지를 둥지 밖으로 내던지고
또 한 놈은 투명하도록 까만 하늘만 쳐다보고

한껏 목청 더 높인 날갯짓
내던지는데
하늘만 쳐다보는
던지고 모르는 척 내던지고 못 본 척
꿈꾸는 눈동자에 겨울 볕이 기대고
둥지 사이로 햇살이 스몄다

부지런히 날라오고
부지런히 짓고
더 부지런히 날라오고
더 부지런히 고쳐짓는

한겨울 낮달을 핑계로 눈빛 서로 어울린
인연의 무게는 얼마일까

몰래 본 인연의 무게는 또 얼마일까

내 맛은

남도 여행지에서 우연히 만난 참조은시골집
텅 빈 겨울들판이 통으로 안기는 창가에 앉아
반쯤 드러누운 허연 배추 포기 위로 떨어지는
정오의 햇살을 마시며
나물, 전, 고기, 젓갈, 생선…
눈이 가고 손이 가고 생각이 가는 대로 집고 넣고 씹고 삼켰다
그걸로 끝이었다

머리는 저절로 끄덕여졌고 코끝에선 연신 물개소리가 났다

나물은 나물대로 색깔 넉넉해서 놀랐고 생선은 생선대로 짭조름하게 출렁거려 놀랐고 고기는 고기대로 불내음 참해서 놀랐다

햇살과 바람과 시간이 곰삭힌 정갈하면서도 투박한
시골 맛인 듯 아닌 듯 같은 듯 같지 않은 익숙한 듯 익숙하지 않은 맛

무릎이 겸손해졌다

내가 만난 사람들이 기억하는 내 맛은
신선했을까 익었을까 곰삭았을까
그도 아니면

어찌해야 하나

동짓날
천은정사 공양간 커다란 가마솥

어둠이 새벽을 밝힌 절마당에서
범종을 거쳐 불탑을 돌아 법당까지
눈빛 뜨끈하도록 고운 팥죽 한 그릇

앞자리
이마가 반듯한 남자는 곱슬머리가 귀여운 여자에게 귓엣
말로
밤새도록 새알 빚었는데 내 팥죽에는 새알이 없네
팥죽보다 구수한 눈웃음
말없이 새알 건네주는 여자의 달큰한 속웃음

하필 그때 막 떠먹으려던 새알 두 개
내 새알은 어찌해야 하나

함께

이른 봄 소낙비 한 소솜

양지 끝 웅덩이에 꼬마들
웃음 한 바가지
와글거리는 물장난에 덩달아 신난 햇살
찰방거리며 함께 뛰어다니고
궁금한 비둘기 한 쌍
슬금슬금 두 발 담그고 함께 푸드덕
날갯짓에 놀란 척
하늘도 함께 참방참방

뽀송뽀송한 그리움도 한 소솜

바다도 가끔은

바다도 가끔은 눈을 감는다

햇살이 어깨를 허락한 갯벌이 하회탈을 닮아서 깜깜한 밤하늘이 별보다 반짝여서
바다는 가끔 눈을 감는다
아침이 안개 같은 기침을 쿨룩대도 달빛이 팝콘처럼 재잘대도
바다는 가끔은 모르는 척 눈을 감는다

큰 파도 작은 물결이 모두 하나인데
자꾸만 흔들린다

그림자도 비껴가는 모래사장
날개를 접고 일렬종대로 엎드려 절하는 갈매기 앞 두세 살이나 될까 한 여자아이가 불룩한 엉덩이를 들고 엎드려 맞절하는 가슴 먹먹한 서사시에 눈시울 뜨거워
바다는 차라리 눈을 감는다

불이다
세상이 모두 불이다 꽃불이다

엉덩이를 들고 엎드린 아이가 던진 화두 같은 전설이 너무 뜨거워 눈을 감는다

바다도 가끔씩 눈을 감는다

질문은 없었다

계절을 놓친 애벌레는
차가운 아스팔트위에서
생을 마쳤다

떠나지 못한 영혼이 흔적으로 남아
서성거리는
사이
햇살은
그림자를 지웠다
그러나 흔적은 살아있었다
살아있어야만 했다
아니 그림자보다 더 선명하게
살아 있어야만 했다

살기 위해
시린 흔적이라도 뜯어야만 하는

개미의 처절함은 차마 외면할 수 없다고
차라리 흔적이라도 남길 수 있어
다행이라고

떠나지 못한 영혼이 말하는
삶은 숭고한가?
비열한가?

질문은 없었다
불안도 없었다
의심도 없었다
그냥
살기 위해 악착같이 몸부림치는
현장만 있었다

한 생명의 죽음과 한 생명의 삶이 말하는
선은 어디에 있는가?

악은 어디에 있는가?

떼창

똑똑

꽃 배달 왔어요

깜짝 놀란 창밖
마음 쿵 내려앉는 떼창
꽃 배달 왔어요

진달래 개나리 목련 살구꽃 벚꽃
한아름

똑똑

꽃 배달 왔어요

어떤 그림

눈빛 시린 겨울
산사는 그림자마저 시큰하다

하늘은 까마득하게 멀어서
햇살 까무룩하고
구름을 베고 길게 모로 누운 산은
와불인데
절마당 지키는 등굽은 배롱나무
아까부터 속울음 삼키는 어깨가 떨렸다

말없이 나무를 껴안는
바람의 고요

마지막 나뭇잎이 흔들렸다

첫눈이다

무릎 꺾었나

산마루가 자꾸 한쪽 눈을 찡긋대는 입춘
한파에 놀랐던 오전리장터는 폐장한 해수욕장보다 썰렁했다

손님을 기다리는 좌판
듬성듬성 펼쳐놓은
펼쳐놓았다는 말이 오히려 낯선
얼었다 녹은 멀건 무 몇 개 봄동 몇 포기 그 옆으로 무짠지 무먹지 무말랭이 말린 고춧잎 말린 고구마순 호박고지 도토리묵 청국장 시래기 작은 소쿠리에 담긴 토란 감자… 봉지봉지 시리다

시래기 한 봉 3000원 묵 두 개 5000원 청국장 한 덩이 7000원에 사들고 일어서는 나에게 묻지도 않았는데 워낙 추웠어야지… 오늘 아침 쑨 묵이라는 햇살 바른 얼굴에 장터 한쪽 허름한 포장마차에 들러 해물 파전을 시켰다 바삭하게 먹음직스런 해물파전의 혼절한 기름 냄새를 바람이 연신 흔들어댔다 무쇠난로에 통나무를 집어넣던 여자가 빨간 고무장갑처럼 웃었다

나볏이 인사하는 입춘을 배경으로
다소곳이 두 손 모은 나뭇가지
짱짱한 겨울이 무릎 꺾었나
끝눈이 붉다

무슨 인연 있어

내가 존경하는 한 시인은
꽃밭 가득 엉겨붙은 잡초를 뽑다가 문득 악착같이 뽑아내는 자신은 전생에 본처요 잡초는 첩이었는지 모르겠다고

내가 좋아하는 한 시인은
밭고랑 가득 징글징글한 잡초를 뽑다가 문득 잡초는 자신과 무슨 인연 있어 저리도 엉겨 붙는지 모르겠다고

매미소리 질척한 시골집 마당가
키보다 웃자란 잡초 머리 위로 긴 낫을 휘두르며 잡초는 나와 또 무슨 인연 있어 목을 자르면 목을 내놓고 팔을 자르면 팔을 내놓고 발목을 자르면 발목을 내놓고 뿌리까지 내놓으라면 뿌리까지 내놓는지

한여름 땡볕 아래 댕경 목 잘린 잡초
시퍼런 핏물 흥건한 시골집 마당
나도 낫도 침묵하는
억겁의 생을 돌다 만난 매미도 침묵하는

눈치 없는

어금니가 욱신거리는데 귀가 흔들렸다
진통제로 달랬는데 속만 쓰렸다

속없이 햇살은 화사한데
지레 질린 신경은 살려 달라 애원했지만
얼굴에 천을 덮고 입술을 벌리고 잇몸을 열고 뼈를 발라냈다

세월보다 더 낡은
내 몸이었는데 내 몸이 아닌 이빨이
핏덩이를 뒤집어쓴 처참한 몰골로 나를 떠났다

헛바닥이 텅 빈 이빨 자리를 자꾸 더듬었다
휑한 바람이 눈치 없는 나를 나무랐다

발자국

황톳길을 걸었다

발자국마다 꿈틀거리는 욕망이 머리를 들었다
내려놓아라 내려놓아라
죽비소리 떨어져 어깨 붉어진 황톳길

멈춘 자리마다 어지러운 낙서
물음표 같은 지문

비는 오는데

며칠 전부터 바다냄새가 어정거리고
두툼한 빈대떡 같은 구름장이
동쪽하늘에 털썩 주저앉더니
주먹만 한 눈물 그렁그렁할 겨를도 없이
천둥 번개에 그만 왈칵 눈물바람이다
세상은 아찔한 찔레꽃
질척한 밤꽃냄새에 뻐꾸기도 목이 잠겼는데
개망초 초롱초롱한 눈망울은 어쩌라고
금계국 오목오목한 볼우물은 또 어쩌라고
산길 흐드러진 녹색 그림자는 도대체 어쩌라고
솟구치는 먹장구름 한 덩이 삼킨 샛강
한꺼번에 와르르 봇물 터져 사래든 물길이 쿨럭거렸다
널비라도 조심하라며 발걸음 재촉하는 물길
인연이 끌고 밀었나 두툼한 장마냄새
비는 오는데
억수 장맛비가 온다는데

그림

관음봉이 그림자를 깔고 명상에 잠긴
낮12시
그 곁에
느티나무도 앉고 돌탑도 앉고 석등도 앉고 전각도 앉고
목탁소리도 앉는 걸보며
내 그림자도 내 발을 깔고 앉을 채비를 하는
부처님오신날 즈음
세월까지 지운 꽃살무늬가 세월을 지키는
내소사 대웅보전 앞 절마당
오색연등 꽃비 그림자 장엄한
지워서 그득한 꽃살무늬

숨소리

숨소리는 언어다
스치는 숨기척에 화들짝 놀라 돌아선 어깨위로
나뭇잎 하나 스치듯 떨어졌다
나무는 애써 헛기침이다

속내를 알 수 없는 숨소리다
익숙한 냄새에 코를 박고 깊게 마셨다
어머니 숨소리

간밤 어머니가 찾아오셨다
방안에는 숨소리만 가득했다

어머니는 전생의 탯줄을 잘랐고 내생의 탯줄도 잘랐다
나도 전생의 탯줄을 잘랐고
내생의 탯줄 자르는 연습에 골몰하는
어머니와 나눈 숨소리

폭소 같은 함박눈

내 호적 생일은 아버지 웃음이다

어머니는 핏덩이와 세밑을 보냈고 새해를 맞았고 그러고도 한참 제대해서 집으로 돌아온다는 연락에 빨개진 목덜미와 콩닥거리는 가슴 숨기고 종일 눈 덮인 사립문밖 발자국 소리에 귀를 모으며 속웃음 삼켰던 그날 발목 움켜 채는 발등눈도 옷깃 낚아채는 눈보라도 두 뺨 후려치는 소낙눈도 막지 못한 한달음 자욱한 눈안개를 탓하며 엉뚱하게 정작 내가 태어난 날이 아닌 제대날짜로 출생신고를 해 놓고선 잣눈 쌓인 골목길을 따라 사립문이 흔들리도록 파안대소했다는
내 아버지

올해는 아버지가 함박웃음 웃었나
폭소 같은 함박눈이다

물방울의 반란

어수룩하게 쏟아지던 비가
폭우로 변한
창이 넓은 찻집
빗소리가 유리창을 흔들었다

짙은 녹색이 지키는 찻집 순한 물방울의 반란
넓은 창 가득 막무가내로 달려들었다가 산산이 부서지고
악착같이 매달렸다 속절없이 미끄러지고 소심하게 무더기로 주저앉는
이것도 생명줄 같고 저것도 생명줄 같아 이리저리 뒤엉키고 헝클어지고 발버둥치다가
그러다가 그러다가 죽기 살기로 붙잡았던 손을 놓고 보니
물방울은 어디에도 없고 그냥 물이었다

흩어지면 흩어지는 대로 모이면 모이는 대로 얽히고설킨
한도 풀어내고 두터운 업장도 녹이며
하나 되어 너울너울 흘러가는 물이었다

빗소리가 또 유리창을 흔들었다
순한 물방울의 반란

경칩이 내일인데

경칩이 내일인데
밤새 내린 눈으로는 모자랐는지 한낮에도 햇살 같은 가루눈이다

가루눈이 모두 쌀가루면 좋겠다고 행복해하던 어린 시절이 떠올라 하늘을 올려다본다 가루눈이 세월 깊은 얼굴에도 타닥타닥 아낌없이 내린다
눈이 정말로 하얗고 차가워요라며 새까만 눈동자를 반짝이던 푸켓에서 만난 소녀 세월을 건너 뛴 지금도 새까만 눈동자가 반짝거릴까

가루눈이 기억해 준 기억
경칩이 내일인데
모르는 척 딴짓하다가 안 가겠다고 더디게 올까 봐
온 세상 가득 소복소복 준비한 시루떡

경칩이 내일인데

제2부

비만 쫄딱 맞은

고봉밥 같은 낮달

비금도에서 보내온 새우젓에서 친구 어머니의 눈물냄새가 났다

평생 바닷가를 떠나보지 못했던 친구 어머니는 소매끝이 콧물자국으로 반들거리는 유난히 눈동자가 까만 친구를 앞세우고 골목으로 들어서고 방금 바다를 떠나온 생태의 두 눈 부릅뜬 아우성을 수돗가에 쏟아놓고 배를 가르고 창자를 빼고 찬물에 헹구고 꼬챙이에 꿰고 일렬횡대로 세워놓고 친구어머니는 바닷가로 돌아가고 친구는 바닷물 대신 찬바람만 들이키는 생태의 절규를 보리밥이라도 실컷 먹었으면 좋겠다며 높게 웃었다

비금도에서 보내온 새우젓
친구도 보리밥도 고봉밥도 없는데
겨울하늘 고봉밥 같은 낮달에서 눈물냄새가 났다

비만 쫄딱 맞은

산이 불렀다
아카시꽃, 이팝나무꽃, 층층나무꽃이 흐드러졌다고, 온 산이 하얗도록 흐드러졌는데, 어제부터 내리는 장대비에 더 흐드러졌다고

청춘보다 더 청춘인, 산속 농막에서 산신처럼 사는, 노시인은 검은등뻐꾸기, 홀딱벗고새가 홀딱 벗고, 홀딱 벗고 할 때마다 정말 홀딱 벗고 싶은데, 아직 홀딱 벗지 못 했다고 고백했다

장마철은 아직 멀었는데 장대비에 하얗게 홀딱 벗은 산, 아침부터 산속을 허청거리는 나를 앞질러가며 뒤따라오며 홀딱 벗고, 홀딱 벗고, 홀딱 벗으란다

붙잡고 싶은 청춘도 벗고, 보내고 싶은 세월도 벗고, 얽히고설킨 번뇌 망상도 벗고, 그렇게 벗고 벗고 홀딱 벗으란다

내일 모레가 팔순인 노시인을 핑계로 손사래 치는 나를 홀딱벗고새는

어깨를 내리치며 홀딱 벗고, 홀딱 벗고
장대비를 앞질러 가는 나를 악착같이 따라오며 홀딱 벗고, 홀딱 벗고

홀딱 벗지는 못하고 비만 쫄딱 맞은

수박 한 통

눈앞에서 수박 한 통이 교차로 한가운데 떨어졌다
눈 깜짝할 사이
깨져서 조각난 껍질과 속살
터지고 흩어지고 문드러진 부끄러운 살점이 남긴
유일한 흔적

트럭은 수박 한 통 무게보다 가볍게 교차로 밖으로 사라졌고
교차로에는 무거운 침묵만 남았다가 그 침묵마저 지워졌다
그런데 기억은 지운다고 지워진 게 아니었다
사라져도 잊혀도 없어져도 모르는 척 못 본 척 무심한
둥글어서 착한 얼굴이 기억하는
혈육 한 점

끝끝내 입술을 흙에다 묻었다

겨울바다

겨울바다에 갔다
바다는 빨간 등대에 걸터앉아
휘파람을 불고 있었다

대학기숙사 같은 방 선배는
늘 남산타워 불빛이 그리운 시간을 골라
헐렁한 파자마 바짓단을 밟고 마법사처럼 휘파람을 불었다
유난히 도드라진 빨간 입술이
까만 유리창 너머 남산타워에 주문을 걸면
밤은 일시에 산등성이에 별을 내다걸었고
난 마법에 걸린 섬집아이처럼
고향바다를 베고 잠이 들었다

겨울바다에 섰다
빨간 등대에 걸터앉아 마법사처럼 휘파람을 불었다
은하수에 발을 담그고 찰방대던 별 하나 빨간 등대에 내려앉았다
바다도 무릎걸음으로 빨간 등대에 바싹 다가앉았다

마법에 걸린 섬집아이처럼

오늘을 쓰다

오늘은
아스팔트에 밀려난 돌무더기 사이
씀바귀 달개비 애기똥풀이 씩씩하다
시간 잊은 오후 낮달이 한가하다
구름 한 덩이 떨어진 그림자가 어제와 같음이라
썼다
그러다
어제보다 그림자가 손톱만큼 깊어짐이라
다시 쓴
거리에서 마주친 5월
햇살에 그림자가 반나마 익었다라고
또 다시 고쳐 썼다

느티나무의 꿈

길모퉁이
늙은 느티나무 한그루
탈출을 꿈꾸다
조각햇살 들어오는 시간 살펴
고개 들고 팔을 펼쳐 잎사귀를 깨우더니
서서히 온몸을 부풀렸다 부풀렸다 부풀렸다가
크게 숨 한 번 들이마시고는
앞선 그림자를 지우고 생각에 골똘한 느티나무

골목 밖이 낯설다

내일이 없는 것처럼

생각이 시퍼렇게 소리쳤다
내일이 없는 것처럼 오늘 하라고

열차는 바다로 흘러가고 바다가 물질하던 갯벌은 허허했다

어디선가 지구별이 기울었나 바다는 평형수를 싣고 수평선으로 달려갔고 단단한 어깨를 드러낸 칠게 등짝에 은빛 햇살만 우부룩했다

바람이 비린내가 비늘처럼 달라붙은 유리창을 흔들 때마다 비린내가 한 움큼씩 떨어졌다 저녁햇살이 고명처럼 올라앉은 바지락칼국수에 바지락캐던 아낙의 웃음이 풀어지고도 한참 바닷사람들이 바다를 둘러메고 항구로 돌아오고도 한참 시간이 묶인 어선에서 바다가 소금꽃처럼 반짝이고도 한참 캄캄한 하늘에 깃발을 달고 출항을 준비하는 집어등마다 아기별이 촘촘한 부둣가

지구별 어디서 화산이 폭발했나

일몰이 흥건한 유리창이 소리쳤다
내일이 없는 것처럼 오늘 하라

바람은 한 곳으로만 불었다

겨울 숲에 갔다
나뭇가지는 모두 한곳으로 휘어져 있었다
낙엽도 모두 한 곳으로 모여 있었다
산새들도 모두 한곳으로 머리를 두고 있었다
산길도 모두 한곳으로 늘어서 있었다
자세히 보니 겨울 숲은 바람이었다
바람은 종일 숲을 달리다 밤이면 늘 한곳에 멈췄다
나무도 낙엽도 산새도 산길도 크게 작게 낮게 높은 바람
이었다
한밤 은밀한 숨결이 머리를 맞대고
아슬아슬한 체온을 녹이는
시간

바람은 한 곳으로만 불었다
겨울 숲은 바람마저 내려놓았는데

배려

친구를 만났다
하나도 안 변했다고 말했지만
참 많이 늙어 있었다

한세상 돌아들다 그 친구 또 만나면
그때도 말하겠지
하나도 안 변했다고

모르겠다 1

난 무모하게 아직도 코로나서바이벌게임에서 살아남았다

발칙하도록 황홀한 바이러스에 무심한 척 했지만 발꿈치가 한 뼘이나 두꺼워진 사이 벌써 이천오백만이나 넘는 소중한 인연이 굴복했고 인사도 못한 채 별이 된 인연도 이천오백 명을 넘었다 빛나게 짱짱하던 내 인생 깐부마저 무거운 눈꺼풀을 헛기침처럼 껌벅이더니 흙담처럼 통명스럽게 무너졌는데 느릿한 소매로 거리를 재단하는 난 아직 살아있다

그런데 살아남은 게 축복인지 슬픔인지 난 모르겠다

모르겠다 2

드디어 나도 코로나서바이벌게임에서 탈락했다
훈장처럼 번쩍이는 양성입니다 확진의 무게에 온몸이 바스라지도록 눈물이 쏟아졌는데 꿈이었다
탈락이 축복인지 슬픔인지
난 더 모르겠다

모르겠다 3

코로나바이러스 꼬리를 밟았다
내가 이긴 건가?

핀셋 방역

코로나 바이러스 퇴치 방안으로
핀셋 방역이 등장했다
손으로 집기 어려운 작은 물건을 집는 기구인 핀셋
내겐 핀셋보다 족집게로 더 익숙한

처음 화장 하던 날
눈썹을 정리하면서
신체의 은밀한 털을 제거하면서
벌겋도록 눈물 참으며 사용했던 족집게가
반백년 세월을 건너 내 앞에 환생했다

누구를 어디서 어떻게 집어낸다는 건지
눈물 삼킨 핀셋방역

참, 뭐 같네

창밖은 쨍쨍하고 정신은 까무룩한데
TV는 똑같은 말만 뱉는다
외출을 삼가고 집안에 머물러 주세요
여기저기 불쑥불쑥 마구마구 토해 놓은
만지지말기 손씻기 거리두기
확진자 사망자 비상 초비상
이젠 아예 대놓고 나오지 말라고
협박이다

살아야 할 세상이 아직도 창창한데
그때마다 받아야 할 감동 없는 해결책
외출은 삼가고 집안에 머무르기
통증처럼 압박하는 마스크를 고쳐 쓰며
참, 뭐 같네

뜨거운 비

봄이 어떻게 왔다 갔는지도 모르는데
불쑥 여름이 들어왔다
그것도 대서에 폭포같은 비로 들어왔다
정초부터 불어 닥친 코로나바이러스19광풍에
비가 뜨겁다
짓무른 눈시울이 뜨겁다
낯익은 풍경이 낯설어 뜨겁다
설마가 자꾸 현실로 살아나는 배신
확진자 감염 양성 역학조사 외출자제…
그때마다 마스크쓰기 거리두기 손씻기…
죽은 듯 살아나는 공포심도 뜨겁다

겨울엔 뜨거운 비가 없었다
봄에도 가을에도 없었다
염소 뿔이 녹아내린 대서라서 그런가했다
아니 더위 먹은 생각 때문이라 핑계를 댔지만 사실
온 세상이 그냥 다 혼돈의 소용돌이에 갇혔으니
뜨겁지 않으면 다 미쳤겠지
재난영화 SF영화보다 요즘이 더 두렵다
점점 가까이 다가오는 뜨거운 빗소리

거기서 거기

사람 사는 게 모두 거기서 거기라고
했다

좋으면 웃고 슬프면 울고 성내고 다투는 것도
다 거기서 거기라고
잘 살아도 못 살아도 잘 나도 못 나도
다 거기서 거기라고
했다

이 나이에도 별이고 싶은데
왜 슬픔이 어둠보다 더 깊은지
왜 그리움이 외로움보다 더 아픈지
왜 흐느낌이 통곡보다 더 시린지
했더니
삶은 다 그럴 만한 인연 있고
거기서 거기 같은
보고 싶을 때 보고 듣고 싶을 때 듣고 가고 싶을 때 가고
먹고 싶을 때 먹는
그런 삶이
진짜 별이고 선물 같은 희망이라
했다

눈물 흔한 여자가 그립다

간혹 눈물 흔한 여자가 그립다

기억 저편 벗겨진 간판의 페인트칠이 상처딱지 같았던 국화다방 붉은 조명이 목덜미를 훔쳐보는 낡은 의자에 앉아 빨간 매니큐어를 저승길 밝히는 봉숭아꽃물이라며 눈물 그렁그렁하던 문밖은 어둡지만 저승길은 밝았으면 좋겠다던 중년마담

나이를 먹고 보니 남 이야기를 하다가도 남 이야기를 듣다가도 생각 없이 봇물 터지는 눈물 그땐 그녀가 너무 눈물 흔하다고 생각했는데 지금은 내가 너무 눈물 흔한 그땐 그녀의 눈물에 내가 당황했는데 지금은 내 눈물에 거울 속 나까지 당황스러운
그래도 눈물이라도 인색하지 않아 덜 외로운

눈물 흔한 여자가 그립다

매직아이

햇살 비치는 이른 봄
촘촘하게 엉성하게 거칠게 그린 투박한 나무가
하늘에 있네요
제 몸 다 비우고도 허공 그득 채운 무심한 잔가지
그림자마저 없는 넉넉한 그림이네요

그저 바라보기만 했는데 틀림없이 앙상한 나무만 있는 그림인데 얕게 깊게 갈피갈피 생살 드러낸 잔가지에 그림자를 밟고 도란거리는 때까치 산비둘기 참새가 마디마디 오롱조롱 불 밝힌 새끼손톱만한 잎새가 설레는 가슴이 수줍은 꽃망울이 짧은 봄비에 놀란 철없는 하얀 나비가 겹겹이 그려놓은 앙상한 잔가지 사이사이로 숨은 듯 또렷하게 보이네요 깜짝 놀란 그림 속에 나비 쫓는 재숙이 영자… 딱지치기 비석놀이 하던 봉기 종상이 상숙이… 고무줄놀이 하는 혜자 다림이… 이름도 잊어버린 남자여자아이들이 잔가지 사이사이로 가깝게 멀게 아주 멀게 신기루처럼 들어있네요

그림 속 그림 평면이지만 평면이 아닌

어디에나 있지만 어디에도 없는 특별한 그림이
하늘에 있네요

소낙눈

새날 아침 박수 같은 소낙눈
묵은해를 지운 흔적인가?
묵은해마저 끌어안은 흔적인가?

나이를 먹어도

나이를 먹어도 봄이고 싶다

아직은 겨울이 장승처럼 서 있는 거리
촘촘한 안개가 말랑했다
그런데 몇 겹을 벗겼는데 벗겨도 벗겨도 안개뿐이다
골목 모퉁이 빈 의자에 앉아 안개의 손을 잡았다
깜짝 놀라 뒷걸음치는 안개 뒤로
한 무리 소녀가 뛰어갔다
웃음이 눈부신 안개꽃이다
나이를 먹어도 눈부신 안개꽃이라며
웃음도 나이도 인연이라며 뒷걸음치던 안개가 손을 잡았다

낮부터 추위가 풀린다는 소식에
장승처럼 버티고 섰던 겨울이 휘청거렸다
시절은 막아도 아주 조금씩 스며드는 거라면

나이를 먹어도 눈부신 봄이고 싶다

사월이 왔는데

젖가슴 발긋 봉긋한 앞산과 아랫도리 흥건한 샛강 물소리에 산골농막 노시인은 잔인한 사월을 절규했다

사월이 왔는데 어쩌란 말이냐

복숭아꽃 살구꽃 개복숭아꽃… 꽃자리에 이미 만신창이 되었는데 목련꽃마저 너무 눈부셔 그만 방앗간 과수댁 엉덩이에 눈길 닿아버렸다는 노시인의 고백

사월이 왔는데 어쩌란 말이냐

속세를 벗어나도 속세라 물불 가릴 수 없더라는 참회에 가슴 찔려 허둥대는 사월

살점 떨리도록 바람난 거리 꽃물 뚝뚝 떨어지도록 자지러진 풍경에 아직도 찔리며 뒹굴고 싶은 건 내 속에 욕심이 너무 많아서라며 사혈로 대신한 형벌 찔린 자리마다 점점이 꽃방울 흐드러진 핏방울 봄꽃 아롱지도록 찌르고 또 찔러 가슴 질척해진 사월

사월이 왔는데 어쩌란 말이냐

사월이 왔는데

이 나이에도

왈칵 끌어안는 저녁 햇살에
마음까지 무너지던 날
노을보다 뜨거운 그림자는 어쩌란 말이냐고
구시렁대는 나를
무심한 가을 한 장
와락 얼굴 덮쳐
얼결에 그만 입술을 내주고 말았다
이 나이에도 괜스레 가슴까지 빨개졌다

알 수 없어요

꽃가게와 화장품가게 사이는 혼돈이다

내가 본 건 꽃인가? 화장품인가?
내가 맡은 건 화장품내음인가? 꽃내음인가?

꽃가게와 화장품가게 사이는
작은 햇살 한 조각에도 행복이 파릇파릇한 웃음인가?
가로등 불빛이 안개비처럼 내리는 속 깊은 밤인가? 아니면 참새 한 마리 등에 업고 자장가를 부르는 늙은 허수아비였나?
민들레꽃씨 같은 기억이 기억을 찾는 손길이었나? 그도 아니면 먼 길 돌아온 삶이 들려주는 따뜻한 동화였나?

꽃과 화장품 사이는
생각이 동그란 물무늬를 일으키며 우루루 따라간 빛띠
보았는데 정말 본 게 맞을까? 맡았는데 정말 맡은 게 맞을까?

꽃가게와 화장품 가게 사이에 무슨 일이 있었나?

호박꽃도 꽃이냐고요?

시장 한쪽 구석
커다랗고 둥근 누런 엉덩이를 포개고 산처럼 앉아 있는 늙은 호박 저걸 누가 사갈까 늘 궁금했는데 오늘 커다란 늙은 호박 한 개가 내게로 왔다 장장 반나절 혈투 끝에 항복한 늙은 호박
복주머니다

암세포증가억제 노폐물제거 면역력강화 콜레스테롤 감소 이뇨작용 해독작용 탈모 혈액순환개선 치매예방
다정하다

호박전 호박죽 호박범벅 호박엿 호박떡 호박찌개 호박국 호박나물
순하다

시장 한쪽 구석
커다랗고 둥근 누런 엉덩이가 당당한 늙은 호박을 배경으로 증명사진처럼 앉아있는 반백의 호박
세월에 구멍 난 기억을 짜깁기했다

호박꽃도 꽃이냐고요?

손가락을 깎았다

인연은 날마다 자란다

사과를 깎았는데 손가락에 상처가 났다 감자도 양파도 호박도 심지어 두부까지도 제대로 썰지 못하냐고 타박했더니 보갚음처럼 깎으라는 사과는 안 깎고 내 손가락을 호기롭게 깎았다

자라난 인연을 베어낸 무례하도록 무표정한 칼날이 남긴 사랑 한 점

어쩌면 제대로 썰지 못한 게 아니라 나를 보호하려 했는지도 모르는데 무딘 척 한 건 경고의 몸짓인지도 모르는데

자꾸 헛눈물이 났다
무슨 인연이 얼마나 자랐기에 과일을 깎았는데 손가락을 깎았을까

개망초

들길이 출렁댔다

봄내 길섶 한쪽에서 곁방살이 하던
개망초
고향을 언제 떠났는지 기억도 없지만
뿌리박은 여기가 고향이라고
모질게 목숨 이어가는
개망초
그 흔한 눈길 한 번 손길 한 번 없는데도
여름이 온통 하얗다

너무 평범해서 심심한 얼굴
들길마저 숨 막혀 까무러쳤는데
선물 같은 고만고만한 얼굴
개망초

특별해서 아름다운 게 아니라
평범해서 아름다운 거라고

들길이 출렁했다

부작용인가 착각인가

꿈은 깼지만 꿈이다
수면시간이 길면 꿈도 긴가
실타래처럼 얽힌 꿈이 낡은 영화처럼 끊겼다 이어졌다
꿈은 깼지만 꿈이라면 잠도 깨어나도 잠이 아닌가 스마트워치에 기록된 수면시간 7시간2분 적정수면시간인데 수면점수는 45점 나쁨이란다
꿈인지 현실인지
부모였다가 친구였다가 가족이었다가 이웃이었다가 고향이었다가 바다였다가 산이었다가 뒤죽박죽이다
잠이 심각한 손상을 입었나

적정수면시간의 부작용인가 착각인가
자꾸 꿈이 잠을 먹고 잠이 꿈을 먹다가 꿈도 잠도 사라진 하얀 물잠자리가 된 나

잠을 잘 못자고 있나요? 수면 코칭을 받아보세요

나는, 참 좋다

천은정사 범종소리 머무는 작은분당봉 나무의자에 앉아 있는 시간이 나는 참 좋다

자세히 보지 않아도 알 수 있는 꽃향기 자세히 듣지 않아도 알 수 있는 새소리 자세히 만져보지 않아도 알 수 있는 흙내음 자세히 맡아보지 않아도 알 수 있는 햇살과 바람
꼭 울엄마 같아 좋다

새초롬하게 얄랑거리는 하늘 살내음 푸근하게 세월 입은 바위 잘랑잘랑 실웃음 야무진 나뭇잎 가쁜 숨결 고르며 바스락거리는 갈잎
꼭 울엄마 같아 그냥 좋다

괜찮다 걱정마라 입버릇 같은 울엄마 목소리 젖어드는 절 마당 가득 흐뭇한 하얀 연등 부처님오신날 무렵 울엄마는 없고 하얀 연등만 있는 울 엄마는 없는데 하얀 연등만 넓고 장엄한
그래도 선물 같은 시간이 나는 참 좋다

하얀 전설

7월이 빳빳하게 허리를 세우고 악수를 청하는
연탄생삼겹살고추장구이집
지글거리는 소리에 다소곳한 동치미국물에서 하얀 전설이 피어올랐다

그날은
눈사람이 툇마루에 걸터앉아 마당을 지키는 한겨울밤이었다 둘러앉은 화롯불 올망졸망한 얼굴은 빨갛게 명랑했다 이따금 튀어 오른 불티가 동치미자배기로 유성처럼 쏟아졌다 할머니는 숯불을 쑤석거리면 이부자리에 오줌 싼다는데 우타하나 소금 못 얻어 집에 못 들어오면 우타하나 싸리 빗자루로 흠씬 두들겨 맞으면 우타하나 자꾸 화롯불을 쑤시는 부젓가락을 외면하며 할머니 이부자리에 오줌 싸겠다 할머니는 클클거리며 화롯불에서 꺼낸 감자껍질을 벗겼고 서로 먼저 먹겠다고 제비새끼처럼 입을 빼물던 그 밤 연신 마신 동치미국물에 바지춤 움켜잡고 밤이 소복한 툇마루 눈사람 곁에 앉아 뭉그적거리다 마당가 감나무가지에서 떨어지는 눈덩이에 놀라 방안으로 뛰어들며 제발 이부자리에 오줌 싸지 않게 해주세요

연탄생삼겹살고추장구이집
헤살거리는 불꽃이 동치미국물을 어르는데
7월은 뻣뻣하게 또 악수를 청했다

삶의 찌꺼기

사혈을 했다

삶의 찌꺼기가 켜켜이 달라붙은 혈관 여기저기 구석구석 촘촘하게 엉켜 붙어 옴쭉달싹 않던 삶의 찌꺼기를 달래도 보고 을러도 보고 그러다가 침 끝에 핏물 스미도록 찌르고 쓸고 찌르고 쓸며 한곳으로 마구 몰아붙였다 병아리 눈물만큼씩 삐져나오던 거무틱틱한 삶의 찌꺼기가 한참만에야 송글송글 하다가 뭉글뭉글하다가 물컹하더니 툭 흑장미 한 송이 꺾었다 또 한 송이 또 한 송이… 자꾸 꺾었다 만신창이 된 등판 땡벌에 쏘였다가 물에 데었다가 불에 탄 것처럼 발갛다가 벌겋다가 뻘겋다가 까무룩할 때쯤 꺾인 꽃송이가 수북했다

백만 송이 꺾으면 풋풋한 꽃청춘이겠지 했더니
세월이 등짝을 때렸다

어둠이 흔들렸다

텅 빈 밤 산길은 오롯이 어둠의 몫이다

바람이 숲을 가꾸는 소리 날갯죽지에 얼굴을 묻고 간질 거리는 발을 통통거리는 산새소리 떡갈나무가지 끝 별이 밤하늘을 달구는 거친 숨소리 꼬리를 물고 달음질치는 발자국 소리

어둠은 텅 빈 게 아니라 꽉 채우는 선물이었다

산길이 미끄러졌다 가로등 불빛에 어둠이 흔들렸다

선물하나 더해졌나 보다

불평등이 아름답다

작은분당봉 산길에 올랐다

한겨울
굳어있던 나무들이 몸풀기에 열중하는 숲속
상고머리 철쭉 햇살과 바람에 삐쭉빼쭉 들쑥날쑥했다
촘촘한 어깨동무로 한겨울을 이겨낸 우듬지 대견하다 쓰다듬다
손길 닿는 자리도 양보하고 눈길 닿는 자리도 사양하고
보일 듯 말 듯 곁방살이하는 잔가지
손길 한 번 눈길 한 번 받지 못했는데 불평 한 번 없이 고요했다
기회는 균등하고 공평은 상식인데 미안하다 했더니 오히려
위에 있어도 아래에 있어도 다 소중한 자리라고
햇살도 바람도 혼자 견디게 해서 미안하다고
세월의 무게를 혼자 짊어지게 해서 죄송하다는 고개가 겸손했다

서로가 서로의 자리를 넘보지도 탐하지도 탓하지도 않는 산길 그래서

삐죽빼죽 들쑥날쑥한 불평등이 더 아름다웠다

눈이 내렸을 뿐인데

정월대보름 아침
시절이 잠시 까무룩 했는지 함박눈이다

펑펑 쏟아진 산길에 뽀송뽀송한 발자국이 단정하다 애꿎은 눈덩이에 맞은 어깨가 흔들릴 뻔 했는데 엉뚱하게도 놀란 때까치가 하늘을 날았다

살다 보면 우연도 있고 필연도 있다며 우연도 필연도 모두 인연 따라 오고가는 거라며 눈덩이는 인연이 다해 떨어졌을 뿐이고 산길이 덜어낸 인연이 어깨에 잠시 머물렀을 뿐인데 억울해 하지 말라고

미안하다는 말 한마디로 용서하라고 이해하라고 애먼 솔가리를 가루눈처럼 뿌리는 소나무
이마가 벌겋다

뽀송뽀송한 눈발에 새겨진 단정한 발자국 또박또박 걷는 정월대보름 아침이 만든 큰 울림

축제 같은 눈이 내렸을 뿐인데

긴 그림자

낡은 밑동으로 세월에 맞서다 반이나 드러누운 아카시나무
나뭇잎 같은 바람에도 우두둑 우두둑 하더니 또 한 가지가 무로 돌아갔다

반이나 드러누운 아카시나무 옆을 돌아 산길을 오르는 노부부
한쪽의 어깨가 기울면 다른 한쪽의 어깨가 우두둑 꺾이는

힘겹게 버티다 꺾이고 바스라져 모두 무로 돌아가면
낡은 밑동마저 무로 돌아가면

그림자마저 햇살을 앞서가는 산길
모든 걸음 함께 하는 긴 그림자

그럭저럭

안부를 물었다
그럭저럭

계절이 화장을 지웠다고
부풀렸던 몸집도 줄였다고
봄꽃이 단풍으로 변했지만 변한 건 없다고

함박눈이 마지막 남은 단풍마저 지우더라고
말하며 남몰래 아무도 모르게
꽃빛발 화장하는 걸 지켜보며

화장을 하는 것도
화장을 지우는 것도 자연의 이치라고
인연 따라 오고가는 거라며

잘 지냈냐고
견딜만하냐고

그때마다
그럭저럭

아름다운 구멍

산길마다 낙엽이 수북하다
봄꽃보다 더 아름다운 단풍이다
자세히 들여다보니 어느 하나 예외 없이 크고 작은 구멍이 숭숭하다
햇살 바람 비 구름이 숨죽이며 지켜본 산통의 흔적
생명을 키운 당당한 기억
단풍보다 아름다운 구멍이다
구멍 하나하나가 키운 수많은 작은 우주 수많은 작은 생명체
모두 별을 찾았겠지
모두 별을 만났겠지

가장 흔한 것이 가장 위대한
희귀한 단 하나만의 행복보다
평범한 수많은 행복을 키운 구멍 숭숭한 낙엽
단풍보다 아름다운 구멍이다

이마가 환하다

산길을 지키는 싸리 빗자루
벌거벗은 떡갈나무에 고단한 몸을 기댄 채
초겨울 바람을 쓸고 있다
쓸고 지나간 자리 뒤에서 냉랭하게 반짝이는 햇살
무심한 척 궁금했는지 허리가 많이 굽었다

조금 일찍 올라도 조금 늦게 올라도
초겨울을 등에 업은 비가 추적거리는 날에도
나뭇잎 끝자락마다 서리가 조롱조롱한 날에도
늘 한결같은
산길을 쓸고 몸을 기댄 그 자리
이마가 환하다

환한 이마에 솔가리가 눈발처럼 흩날렸다
싸리 빗자루 대신 늦바람이 솔가리를 쓸었다

얄밉도록 이마가 환하다

뿐인데

달빛이 눈처럼 쏟아졌을 뿐인데
남몰래 늦가을을 주워 담던 나뭇잎이 허기를 느꼈을 뿐인데
초겨울 억수비에 착한 나뭇잎이 미닫이문을 두드렸을 뿐인데
하필 한밤중이라 했지만 그때가 한밤중이었을 뿐인데
마당비의 잠꼬대라 해도 계절이 인연만큼 끌었고 인연만큼 끌렸을 뿐인데
갑자기 미쳤다 해도 그땐 시절인연이려니 생각했을 뿐인데
아침 수북한 낙엽을 쓸어담는 손길이 격이 다른 눈물인 것을 몰랐을 뿐인데

틀림없이 매일매일 한 번도 경험해보지 못한 아침일 뿐인데

똑같은 안녕하십니까

시한부 삶

모든 산은 정상이 있다 그리고 산에 오른 사람은 모두 하산을 한다 한파주의보가 내린 날 아침부터 구불구불 이어진 산길을 걷는 사람들 벌거벗은 떡갈나무의 박수도 앞선 사람의 하얀 입김도 반가운 도반이 되는 산길 정상이 달라도 하산이 달라도 산기슭을 돌고 등성이를 넘어 골짜기로 사라지는 사람들 단 하루를 산다 해도 수천 년을 산다 해도 모두 시한부 삶이다 조금 잘났어도 조금 못났어도 예외 없이 주어진 몫만큼만 살다 떠나는 시한부 삶들이 묵언 포행하는 산길 두툼한 방한복 속 눈빛이 서로를 위로하는 어디가 맨 앞이고 어디가 맨 뒤인지 누가 일등이고 누가 꼴등인지 관심 없는 산길 오직 걷고 내리는 자리만 있는 시한부 삶이지만 시한부 삶마저 당당한

다르면 안 되나요

그녀가 기억이 자꾸 지워진다고 웃었네요

지우개로 너무 빨리 지워 그런 거라며 나도 웃었네요

저울대 눈금마다 새겨 넣은 촘촘하고 넉넉한 삶의 흔적

그녀에게서 남아 있는 기억과 사라진 기억

남아있는 저울대 눈금은 늘 맞는가요

지워진 저울대 눈금은 늘 틀린가요

저울대 눈금이 조금 다르면 안 되나요

눈터지는 소리

우수가 지났는데 갑자기 팝콘 같은 눈이다

환호하는 팝콘에 맥주 몇 캔 들고 한강이 잘 보이는 자동차극장에 앉아 전망 좋은 방 영화를 다시 보고 싶다
검은 눈동자보다 더 까만 밤하늘을 끌어안고 은하수를 건너는 별똥별도 진단해 보고 싶다
느리게 돌아가는 영화보다 더 천천히 회전하는 기억을 지청구하며 첫사랑을 찾는 이 세상 모든 루시와 죠지를 눈동자가 파릇파릇하도록 깨우고도 싶다

얼음 밑에서도 바삭거리는 풍경에 빨강 파랑 노랑 하늘빛 물빛 동그라미를 마구마구 그리며 축배를 외친다면 청춘과 어깨동무할 수 있을까
새초롬한 웃음이 아름다운 친구와 청춘전시회에 초대받아 다시 청춘이고 싶은데 청춘은 어디에도 없고 청춘이고 싶은 사람만 수북한 창밖

여전히 팝콘 같은 눈은 내리고
생각이 하애서 머리마저 하얀

나이를 먹어도 청춘이고 싶은
그래서 하고 싶은 게 더 많은
팝콘처럼 눈터지는 소리

당부

부적 한 장 내밀며 친구는 신신당부다
꼭 현관 맞은 편 벽에 붙여

나쁜 기운 들어오려다 깜짝 놀라 달아나게
나쁜 기운 나가려다 깜짝 놀라 못 나가면
큰 사달난다

친구의 아픔을 생각하며
현관 관세음보살 옆에 딱 붙였다
혹 열린 문틈으로 들어 올까봐
혹 못나갈까 봐

닭발톱을 깎는 사내

밥 때가 한참 지난 식당
연탄불 앞에 앉아 깡마른 사내는 얼어붙은 닭발을 하나하나 뜯어내 닭발톱을 깎고 있었다 뜯어낸 닭발에서 허연 김이 스멀스멀 피어올랐다 닭발톱을 깎는 사내의 손에서도 허연 김이 피어올랐다.

죽어서도 날 수 없는 닭발톱은 기억마저 가물가물한 주검을 참회했다
살기위해 하늘을 버린 것을 참회합니다
살기위해 죽자고 땅만 헤집은 것을 참회합니다

밥 때를 훌쩍 넘긴 시간
등산복 차림의 한 무리 사내 소주와 따끈한 닭발의 환대에 울컥하던 눈시울이 이울도록 주절거린 개똥철학과 주워 담지 못한 헛소리를 참회하듯 낮게 목소리를 삼켰다

깡마른 사내의 무릎에서 마지막 닭발톱이 떨어졌다.

속내를 알 수 없는

그는 늘 사탕을 오도독오도독 씹어 먹는다 나는 그가 오도독오도독할 때마다 그의 입술에서 할머니집 안방을 들여다본다

할머니는 해와 달이 된 오누이 이야기로 구들장 아랫목에서 한겨울을 녹였고 유독 호랑이가 할머니를 오도독오도독 소리 내어 잡아먹었다며 누룽지를 오도독오도독 씹으셨다 창호지문 밖에는 검은 바람이 달렸고 까만 댓잎 그림자가 창호지문을 왈칵 잡아당길 때마다 호랑이가 할머니를 오도독오도독 잡아먹을까봐 할머니를 꼭 끌어안았다 그 후 호랑이는 그림책 속에서도 아주 나쁜 호랑이였다

오도독오도독 숨죽였던 공포가 아우성쳤다 눈물이 버섯처럼 자랐다

그가 딱딱한 사탕을 씹을 때마다 앙다문 입술이 날카롭게 속삭였다 오도독오도독

제4부

매미껍질과 나는

물방울의 무게

안개비가 흔들의자를 찾아왔다
기도처럼 살아온 흔들의자
초가을 무릎 꺾이는 소리에 겸손하게 무릎을 꿇었다 안개비가 앉았던 자리마다
크고 작은 있는 듯 없는 듯 매달린 물방울
저 하얗고 순한 물방울의 무게
조금 늦게 차오르면 조금 늦게
조금 일찍 차오르면 조금 일찍
견딜 수 있을 만큼만 차오르다 넘치면 놓아버리는 무게

삶이 버거운 흔들의자에서 물방울이 떨어졌다
물방울 무게만큼 가벼워진 흔들의자에
또 다시 안개비가 찾아왔다
물방울이 매달렸다 떨어졌다
하얗고 순한 물방울의 무게

지구별 물방울인 나도
내가 감당할 수 있을 만큼의 고통만 찾아왔으면 좋겠다
또, 욕심과 집착이 넘치면 놓아버릴 수 있으면 좋겠다

모든 것은 코를 곤다

존재하는 모든 것은 코를 곤다
그것이 무엇이든 존재하는 모든 것은 코를 곤다

한밤이 내는 모든 소리는 코고는 소리다
한낮이 내는 모든 소리도 코고는 소리다

우리 집 김치냉장고도 코를 곤다
지나온 세월만큼 높고 길게 시도 때도 없이 코를 곤다

어린 시절 장날이면 막걸리 몇 사발에
작은할아버진 마루 위에서 황구는 마루 아래서 높고 크게 코를 골던
코를 곤다는 엄청 나이가 많다와 같았던

코고는 소리는 시간과 비례한다
우리 집 김치냉장고도 강산이 한 번 바뀌면서부터
코를 곤다
코를 골 때마다 시간을 비우듯 조금씩 속을 비운
김치냉장고
요즘 들어 점점 더 세게 높게 코를 곤다

존재하는 모든 것은 인연만큼 아프다가 인연만큼 떠난다
김치냉장고도 덜어낸 아픈 인연만큼 코를 곤다
아직은 존재하기에 존재하는 모든 것은 코를 곤다

밤송이에 대한 묵념

산길 가장자리
엉거주춤 주저앉은 밤송이
숨기고 감추고 싶은 게 많아서였나
앙다문 입이 견고하다

가시가 가시를 부둥켜안고 입만은
절대로 허락할 수 없다고
안간힘을 쓴 흔적
뭉개진 입가가 시퍼렇다

시퍼렇게 뭉그러진 아픔을 간밤
어디선가 생을 마감한 별똥별과 맞바꾼
밤송이 하나
마지막 남은 굵은 아람마저 떨구고
상처가 심각하게 시꺼먼
껍데기 옆에 자리 잡고 앉아
숨긴 것도 감춘 것도 없다며
모두 내려놓았다며
입을 활짝 까발려 보였다

입속 총총 별이 떴다
모세혈관이 선명했다

산길에는 소리가 산다

산길에는 소리가 산다

어제까지만 해도
까치 까마귀 산비둘기가
거미줄처럼 촘촘한 소리를 심었는데
오늘 아침
사방에서 튀어나온 도토리가 촘촘하게
소리를 심었다

산등성이까지
길고 뾰족한 동글고 뭉툭한 가늘고 동그란
소리가 촘촘했다
이게
신갈 졸참 굴참 갈참 떡갈 상수리
그러다
그림책에서 탈출한 튼실한 기억 몇 개 골라
주머니에 넣었다
주머니에서 저들끼리 덜커덩거렸다

아이는

와! 도토리다 여기도 도토리다 이것도 도토리다

연신
와! 와! 와!

아이 눈에는 다 같은 도토리였고
내 눈에는 다 다른 도토리였다

아이는 보이는 것에 만족했고
난 보이지 않는 것까지 욕심냈다

아이는 사태 난 웃음을 숲속에 방생했고
난 덜커덩거리는 소유를 숲속에 방생했다

양지바른 바람이 웃자란 산길

매미껍질과 나는

산길에서 나무를 껴안고 줄지어 매달려있는 매미껍질을 만났다 나무꼭대기를 향해 올랐는지 하늘을 향해 올랐는지는 알 수 없지만 제 키보다 수십 수백 배를 올라가다 멈춘 자리에서 매미는 제 몸에다 커다란 동굴을 팠다

속살까지 비워버린 투명한 동굴 올여름 유난스럽게도 악착같이 울어댄 이유를 말해 줄 것만 같아 귀를 모았다 동굴과 귀 사이에서 바람이 서성거렸다 바람보다 먼저 내 귓속에서 살고 있던 매미가 한풀이하듯 울어댔다

더위는 아직도 한참 남았는데 매미소리도 아직 한참이나 남았는데 제 몸에 동굴을 판 매미 인연 따라 생기고 인연 따라 사라진 제 각각의 높이에서 생긴 인연은 무엇이었을까? 버린 인연은 또 무엇이었을까? 멈춘 순간만을 기억하는 줄지어 선 매미껍질

오늘 산길에서 앞서거니 뒤서거니 줄지어 걸었던 사람들 인연 있어 동행하고 인연 다해 멀어지는 어디를 향해 걷는지 무엇을 위해 걸었는지 한 번도 묻지도 궁금해 하지도 않았던 인연들이 제 각각 산길에 매달려 내려서는 지

점과 시점에다 커다란 동굴 하나씩 팠다

커다란 동굴 속에 박제된 영혼이 멈춘 이유를 말해줄 것만 같아 저녁햇살이 귀를 모았다 산길과 동굴 사이에서 바람이 서성거렸다

멈춘 순간만을 기억하는 커다란 동굴

겨울로 가는 풍경

벌써 한로다
길어진 밤이 새벽별에 걸려 실신한 사이
하얀 이슬까지 뒤집어 쓴 오동잎
밤새 신열과 통증에 시달린 흔적이 짭조름하다

봄은 가을이 웃음이라 했고
여름은 가을이 눈부시다 했지만
겨울은 너무 일찍 말라가는 가을에 초조하다
노을이 걸터앉은 가로등의 목덜미와
빨긋빨긋한 앞산 이마가 시간을 걱정하며
짧아진 햇살이 산길에서 멈칫거리던
어느 날
불쑥 찾아온 생각 없는 바람이
여기저기 갈라진 풍경에다 마구마구 덧칠했다

프리즘이다
바람이 분다
멀리 상강이 오는 소리다
둥지를 비우는 쇠딱따구리 소리가 늦가을을 찍었나
온산이 피멍이다

지나침을 경계하라

강력한 태풍이 예고된 저녁하늘은
이별주 한 잔에 붉콰해진 얼굴을 산마루에 숨기고
슬금슬금 눈치를 보더니 순식간에 온 세상을
마셔버렸다

순간 미친 듯 장엄한 입맞춤 황홀한 포옹은
짧은 떨림으로 끝나고 공포스런 긴 어둠이 찾아왔다

태어난 모든 것은 죽는다
이별주를 마시든 안 마시든 죽은 모든 것은
다시 태어난다

태풍이 미풍이고 미풍이 태풍이다 둘은 하나다
탄생이 죽음이고 죽음이 탄생이다 둘은 하나다

오늘 지금 이 순간 저 미치도록 강렬한
마지막 심장박동이 다시 태어남을 말하는 것이라면

태풍 전야의 긴장감
지나침을 경계하라

흰 구름 몇 덩이

잔디밭에 누웠다
하늘 가득 보송보송한 흰 구름
도톰한 솜이불이다

할머니 집 뒷방에는
커다란 대바구니가 여러 개 있었다
대바구니 안에는 목화송이가 그득그득 넘쳐났다
- 뭐 할 거야?
- 시집갈 때 솜이불 해 줄라고
시집간다는 말은 부끄러운데
낡은 솜틀 돌아가는 소리는 꿈처럼 싱싱했던
툇마루 작은 바구니 속 목화씨가
알몸으로 한겨울에 맞서던 밤
따뜻한 아랫목은 솜이불 덮어쓴 밥주발에게 내주고
외풍 심한 윗목에 앉아 낡은 솜틀을 돌리던
어둠이 짙은 동구 밖으로
길게 자란 귀가 한 뼘이나 더 길어지던 할머니

잔디밭에 누웠다
떨어져 나온 흰 구름 몇 덩이 목화송이

버섯꽃밭

태풍이 끝났는가 했더니 가을장마란다
밤새 추적거리던 비가 아침까지 추적거린다
어둡고 눅눅한 기운이 사방으로 번지더니
화분에 버섯꽃이 피었다
바람을 피해 왔는지 빗줄기에 밀려왔는지는 몰라도
수북하게 탐스럽다
다른 화초가 어떨까 해서 뽑았다
힘없이 가느다란 짧은 뿌리다
버섯턱받이가
고개 숙인 버섯갓 옆에서 조문하듯 엎드렸다
찬란한 햇살은 양보하고
가장 구석진 곳 가장 어두운 곳을 가려
은밀하게 자리 잡은
식용이라도 해도 약용이라 해도 독버섯이라 해도
그냥 놀라운 침묵
저항 한번 없이 단번에 뽑힌
혹 무슨 엄청난 비밀을 숨겼나 모르겠다
화분 여기저기 수북하게 탐스런 버섯꽃 필지도
온통 버섯꽃밭 될지도
숨죽인 채 엎드린 의뭉한 버섯

인연 따라 오고가는

습기 먹은 하늘이 궁시렁거리는 소리를 들으며
산길로 들어섰다
쉽게 물러설 것 같지 않던 앞산 이마가 서늘하다
어제보다 더 많은 시간이 머물렀는지
꾸덕꾸덕하게 마른 산길
나무는 땅속에 뿌리를 박고 몸무게를 부풀리고 있었다
바쁜 계절이 자꾸 시간을 뒤돌아본다
나무는 덜어낸 것도 부풀린 것도 아니라며
그저 인연 따라 가고 오는 거라며
생각 많은 산길에 도토리 하나 툭 던졌다
나무는 도토리 하나만큼 덜어냈고
산길은 도토리 하나만큼 부풀었다
앞산 이마만큼 멀어진 하늘
너덜거리는 다리는 눈물 나도록 무거운데
궁시렁거리는 호흡은 어지럽도록 가볍다
더하고 덜어내는 산행도
인연 따라 오고 가는 거라고
나무는 또 도토리 하나 툭 던졌다
생각이 너무 많았나 보다

난, 다섯 살이니까

잠깐 진짜로 잠깐 화장실에 숨었는데
아빠 누나 형아가 없어졌어요
깜짝 놀라 무조건 엘리베이터를 탔어요
까만 밤은 무지무지하게 무섭거든요

할아버지가 물었어요
왜 혼자 나왔어?
아빠 누나 형아가 없어졌어요
갑자기 눈물이 나왔어요
얼른 눈물을 닦았어요
난, 다섯 살이니까

너 언제 나왔어?
누나 목소리에 또 나오려는 눈물 꾹 참았어요
난, 다섯살이니까

숲속일기

숲속 산비둘기 깃털이 여기저기 흩어져 있다
간밤 이 산길에서 무슨 일이 있었는지
모두 침묵이다

숲은 나뭇잎 몇 장으로 구멍 난 그림자는 가렸지만
깃털까지 가리진 못했다
생명의 무게는 모두 같다 했지만 정작
생사의 갈림길에서 한 생명의 죽음은 말이 없었다
파들대는 깃털 덥석 안아주지 못해 미안했나
바람은 연신 쿨룩거렸다

숲은 숲이 흔들릴 때마다
남은 생명이 떠난 생명에게 보내는
최소한의 예의라고 배려라고
키 큰 나무는 하늘만 쳐다보고
키 작은 나무는 땅만 바라보고
온밤을 지켜본 낮달은 가부좌를 한 채
죽음보다 무거운 깃털을 못 본 척 보았다

간밤 이 산길에서 무슨 일이 있었는지
모두 침묵이다

맛있는 게 없으면

시금치 곰취 양배추 파프리카 방울토마토 사과 바나나가
뒤섞인 야채샐러드가
아침밥상에 올라 왔다

맛있는 게 없으면 갈 날이 멀지 않다는 말이 심각하다
추적거리는 비 때문인지 봄의 뒷모습에서
여름 냄새가 났다
짙어진 풍경은 이미 만삭이다
갓 깨어난 애벌레의 새까만 입은 가랑비였는데, 그림자를 뚫고나온 애벌레의
시퍼런 입은 소낙비였다

빗소리 흥건한 식탁
우화를 준비하는 애벌레가 창틀에 걸린 낮달을 이고 꼿꼿하게 일어서고 있었다
거만하도록 투명한 가슴이 하늘을 움켜쥐고 꿈틀댔다
한국인 기대 수명 평균 83.3세, 많이 휘어진 세월에 굳은
살처럼 달라붙은 나이를 발라먹으며

입맛 따라 맛있는 것만 골라먹으면 얼마나 오래까지 살 수 있을까
영혼 없이 우물거리는 시금치 곰취 양배추 파프리카 방울토마토 사과 바나나가 뒤섞인 야채샐러드

생각이 깊다

그렇게 그냥

땡볕은 마음 복잡한데
어디로 가야하나
위로가 필요한 잰걸음
이미 숲은 조각난 그림자로 흥건하다

짱짱한 햇살에 온몸을 내준
떡갈나무 우묵한 줄기
숨은 그림처럼 숨죽인 나방 한 마리
혼자서 여럿이서
높게 낮게 끊어지다가 이어지는 매미소리에
귀를 적시며
연신 고개를 주억거린다
펼친 날개 깊숙이 매미소리가 비친다
그렇게 그냥 오래 있어 붉으레하다

개미가 분주하다

초여름을 나비가 날았다
불규칙한 날갯짓 한 번에 풍경이 흔들렸다
떡갈나무 긴 허리가 나비 등에 떨어졌다
떨어진 그림자에 짓이겨진
나비가 되지 못한
흉한 몰골로 널브러진
빌려온 생을 미처 반납하지 못한 시꺼먼 흔적 위로
개미가 분주하다
한 주검이 만찬이다

나비는 날았지만 날지 못한
빛났던 꿈이 변명처럼 멈춘 길 위에서
혼자 감당한 죽음의 무게가
여름보다 무거운데
죽음마저 오랜 습관처럼 익숙한 흔적
개미가 분주하다

비상구가 흔들린다

거울을 봤다
볼이 빨갛다
늘 창백한 게 고민이었는데
마냥 좋아할 수만은 없다
국토종단까지 했던 사이클링은 말썽 난 무릎 앞에 진즉 접었고 안나푸르나 등정을 앞두고 황산에서 또 고장 난 무릎에 등산도 접었는데
지금은 혈압도 어떨 땐 정상 어떨 땐 조금 높고 어떨 땐 턱없이 낮다 주문도 하지 않았는데
이상지질혈증 공복혈당장애 안구건조증 치주염…
줄줄이 배송완료란다

아직 저녁 6시도 안 된 창밖은 한밤중
공원과 주차장과 산책로를 가리키는 가로등
핏기 없는 비상구가 흔들린다

동지가 내일 모래
새해가 멀지 않았는데 콧등이 시큰거렸다
또 무엇이 배송될까

푹 꺼진 자리

아침부터 소파에 앉아 창밖만 바라보는 나를 향해
소파에 땀띠 나겠다

울엄마는 밥 먹을 때도 공부할 때도 놀 때도 늘 같은 자리만 고집하는 나를 핀잔하며 웃었다 고양이가 다리를 깨물어 깜짝 놀라 깨어보니 꿈 태몽이었는데 고양이처럼 한자리만 지킨다며

그런 울엄마도 어느 날부터 앉아도 누워도 한자리만 지켰다
그리고 우묵했던 자리가 반듯해지던 날 먼 길 떠나셨다

내 무게만큼 한곳만 쭈글쭈글 푹 꺼진 소파
우묵한 시간이 무안해 슬그머니 자리를 옮겨 앉았더니
세월이 푹 꺼진 자리로 나를 다시 밀어 보냈다
쭈글쭈글하게 푹 꺼진 그 자리가 내 업이라고
푹 꺼진 자리가 평평해지는 날 업도 다 할 거라고

주름살마저 닮아가는 자리
땀띠가 우부룩하다

하얀 머릿속

갑자기 해야 할 일이 있는 것 같아 일어났다 그런데 몸은 일어났는데 생각이 미처 따라오지 못했는지 머릿속이 하얗다 왜 일어났는지 도무지 생각나지 않는 내가 먼저 일어선 몸을 책망하며 다시 주저앉았다 앉는 순간 생각나는 생각에 다시 머릿속이 하얗다 먼저 앉아버린 나를 책망하며 다시 일어섰다 하루에도 몇 번씩 일어섰다 앉을 때마다 하얀 머릿속 어쩌면 머릿속이 하얗다는 건 덜어낸 인생의 무게만큼 생각이 가벼워졌다는 거겠지

빗물이 짜다

아침 내내 장대비다
물길이 된 산길
갈잎이 수북한 웅덩이를 피해 맨살이 드러난
바위를 골라 디뎠다

등뼈가 바위처럼 툭툭 불거졌던 내 아버지
가족과 가장의 무게를 아버지라는 이름으로 남편이라는
이름으로 견뎌냈던 내 아버지의 등은 폭풍 폭염 한파 폭
설 모두 막아내는 완벽한 성이었다 그래서 아버지는 늙
지도 병들지도 아프지도 않을 줄 알았는데 세월에 잘리
고 부서지고 바스라지고 너덜겅이 되어 자꾸 시간 밖으
로 미끄러지고 미끄러지다 팔부능선에서 더 이상 견디지
못한 채 망구望九를 앞두고 떠나셨다

거친 물길에 휩쓸릴까 발바닥을 꽉 잡아주는 바위 미끄
러운 산길에서 넘어질까 다리를 붙잡아주는 너덜겅
장대비가 덮친 아침 산길
빗물이 짜다

소리

물은 소리가 없다 시냇물이든 강물이든 바닷물이든 소리 없이 흐르다 장애물을 만나면 소리를 낸다 작으면 작은 소리를 크면 큰 소리를 낸다 물방울은 사방으로 요란하게 튀어 오르다 흩어지지만 난바다는 침묵하다 순식간에 솟구치며 엄청난 소리를 낸다
사람도 화내다 웃다 그러다 침묵한다 때론 침묵이 순식간에 화산이 되기도 해일이 되기도 한다 그런데 참 신기하다 사람들은 물방울이 바다가 되는 건 잘 알면서 침묵한 바다의 속내는 모르는 척하니

모자를 꺼냈다

머리끝이 서늘해 여름 내내 서랍에 넣어두었던 모자를 꺼냈다 아니 벌써부터 조금씩 서늘해졌는데 느끼지 못한 거겠지 성큼 하늘도 멀어졌고, 고막을 때리던 매미소리도 잦아들고 나뭇잎도 색깔을 토해내며 무게를 덜어내는데 아침 햇살 아래 여기저기 떨어져 눈부신 흰머리칼도 빛깔고운 단풍이라면 인연 따라 몇 굽이를 돌아 다시 이 길 위에서 만나는 단풍 인연 따라 삶이 조금씩 영글고 익어가고 가벼워지다 결국 놓아버린 내 흰 머리카락 다음 생 인연 어디쯤에서 다시 만나자고 떨어진 흰 머리칼을 공손히 주워 쓰레기통에 넣었다
세월이 머리칼만큼 짧아졌다

나이 먹는다는 것

후끈거리는 얼굴에
샤워기로 찬물을 확 끼얹었다
정수리가 짜릿하며 머리칼이 곤두섰다
다시 뜨거운 물을 확 끼얹었다
정수리가 짜릿하며 머리칼이 곤두섰다
찬물과 뜨거운 물에 똑같이 반응하는 나를
거울 속의 내가 보고 있었다
찬물과 뜨거운 물을 구분하지 못한 게 아니라
원래 추위와 열기는 똑같은 거라고
거울 속에서 나를 보고 있는 나
열기인지 한기인지 알 수 없는 생각에 갇혔다

제5부

출구는 어디에나 있다

몇 잠 남았을까 - 관찰일기1

시간이 보이면 마음이 바쁘다
바쁜 만큼 자세히 본다
주름 잡힌 내생과 전생이 뿌리 깊은 나무 같다
아니 언덕바지에 걸린 그믐달 같다

결 고운 숨결이 노을을 앞질러 허공을 달리는 시간 오늘
이 노출된 하루를 닦으며
푹 꺼진 나를 관찰한다 무릎이 가슴에 닿는다 아버지는
두 무릎 사이에 얼굴을 묻는 날이 잦더니 먼 길 떠나셨다
어머니도 두 무릎 사이에 얼굴을 묻고 먼 길 떠나셨다
나는 두 무릎 사이에 얼굴 묻고 먼 길 떠날 날이 몇 잠 남
았을까

소나기도 함박눈도 사랑이더라고
가슴이 봄꽃 같은 날
기특한 내 삶 챙겨들고 버선발로 나설 날이

파란 햇살이 몽롱한 오후
구름 나무 꽃에도 위선과 욕망이 충돌하는 지금
나를 관찰한다

거품과 나 - 관찰일기2

샤워를 했다 비누거품이 발가락을 타고 시원하게 물구멍으로 빠져 나갔다 내 몸에서 분리되고 박리된 세포도 거품과 함께 시원하게 물구멍으로 빠져나갔다 내 몸의 일부가 물구멍 속으로 휩쓸려 사라지는데 신기하게도 아깝지도 아프지도 않았다

초당 380만개 이상 새로 교체한 계산할 수 없을 만큼 엄청나게 떠난 어디에서 무엇을 하고 있는지 어떻게 되었는지 한 번도 관심을 가져본 적이 없는 내가 이상했고 대단했다

다시 비누거품을 씻어냈다 선명하게 나를 주장하던 세포가 비누거품을 따라 모래성처럼 허물어졌다 낡은 근육에 각인된 통증과 불면이 거짓을 진실로 욕망을 배려로 집착을 소유로 가장한 번뇌 망상도 함께 허물어져 내렸다 한 번도 교체되지 않은 뇌세포가 눈동자가 물구멍 속으로 빨려 들어가는 나를 엄숙하게 관찰한 후 검은 때가 많이 섞임이라 저장했다

샤워기 호스처럼 우묵한 갈비뼈 사이에 거품이 고였다
미끄러졌다 정수리에다 또 물을 끼얹었다 나는 떨어져
나가는 나를 위로하며 관욕이라 말했다

가슴에 구멍을 팠다 - 관찰일기3

두물머리는 가슴에 구멍을 팠다

밤새 수억 년의 숨을 한꺼번에 토해낸 강물이 밤의 중심에서 불뚝 솟구친 태양에 감탄하는 걸 지켜보며 수억 년 동안 솟구친 저 태양에 강물은 늘 감탄했고 그때마다 가슴에 구멍을 팠을 두물머리

그 구멍에는 무엇이 깃들었을까 저 태양은 수억 년 동안 두물머리가 가슴에 구멍을 팠던 순간을 무엇이라 기억할까 지금 두물머리 앞을 통과한 강물은 휘적휘적 그림자를 끌고 가는 태양에 여전히 감탄할까

민낯이 소박한 두물머리 구멍난 가슴에는 바람이 살고 소리가 살고 갈대가 살고 물새가 살고 고단한 삶을 잠시 내려놓은 일상이 산다

정직한 생각이 수북한 그곳에서 아무도 본 적이 없는 역사 사실인데 당당할 수 없는 불편한 진실은 또 무엇일까

그 모든 것을 내려놓고 풍문으로라도 그냥 왔다가 사라진 모든 것에 의미를 부여하는 두물머리

오늘도 가슴에 구멍을 팠다

먹그림 1 - 어둠

밤을 걸었다

한낮 아이들이 남기고 간 웃음이 어둠 속에서 반짝였다
웃음이 별이 되어 더 따뜻하게 흥성거리는 밤 반짝이다
반짝이다 일시에 터져버린 왁자한 웃음꽃
웃음이 가슴까지 차오른 나도 커다란 웃음꽃이 되었다

그사이
산 하늘 조팝 이팝 민들레 애기똥풀 산비둘기 너구리가
어둠이 되고 시간을 잠재우는 가로등 목이 휘어지고도
한참동안 까뭇까뭇한 밤을 걸었다

여럿이었다 둘이었다 하나였다 길어졌다 짧아졌다 자지
러진 웃음꽃에 뻐꾹새도 피멍들고 쑥국새도 쓰러지고 내
가슴도 문드러졌다 문드러진 가슴을 헛기침으로 달래며
엉덩이가 가벼워지도록 밤을 걸었다

손잡은 어둠이 무척이나 달달했다

먹그림 2 - 오전리 포차

시간이 허전할 때면 찾던 오전리 농산물직거래장터 낡은 포차
봄이 실종된 봄 어느 날 실종 신고하러 포차에 갔다
사분사분한 남자사장은 없고 눈웃음이 살가운 앳된 청년
이 포차를 지키고 있었다

익숙한 자리 익숙한 맛마저 실종된
병아리 눈물만큼의 막걸리 한 모금에 해물파전 한 조각
이 목구멍에 낯설다

지난겨울 하얀 눈이 꽃처럼 찾아온 어느 날
봄이 하얀 눈처럼 찾아오면… 선문답 같은 안내문만 남
기고 남자는 닻을 올리고 출항했다

봄꽃 떠난 길섶 때 이른 여름꽃 너른한데 그는 어디쯤
항해하고 있을까

시든 푸성귀에 햇살이 주저앉은 오전리장터
이제 시간이 허전할 때면 어디로 가야하나
실종 신고는 또 어디에다 해야하나

너무도 선명한 흔적에 머뭇거리던 시간이 내 머리에 닻
을 내렸다

먹그림 3 - 애용품

그녀는 늘 말한다
나는 애용품입니다

모든 건 버리고 잊히지만
버리지 못한 것도 버릴 수 없는 것도
버린 것도 버려진 것도 모두 똑같은
애용품입니다

애용품은 바라만 봐도 저절로 웃음이 나고
생각만 해도 마음 밑바닥까지 저리다고
주름진 눈물 찍으며 그녀는
나는 애용품입니다

그녀가 노인요양병원 문 앞에서 한쪽이 깨진 틀니를 들고 함박꽃처럼 붉게 웃었다
틀니가 누구보다 당신을 사랑한다고 고백했다

버리지 못한 애용품이 버릴 수 없는 애용품을 미리 조문하는
나는 애용품입니다
웬수 같은 애용품입니다

먹그림 4 - 혼자 먹는 한 끼

찬밥에 나물 몇 가지 대충 비벼
여배우의 우아한 표정을 기억하며
요리 씹고 조리 씹었다

묵은지는 참기름 둘러도 쿰쿰하고
태양초 일등급 고추장은 청양고추에 혼쭐났는데
애먼 멸치눈알과 눈싸움하다 밥맛까지 잃어버린
목구멍

익숙한 복종보다 달콤한 자유를 계산하며
다시 밥 한 술에 냉수 한 모금 입에 넣고
주문처럼 맛있다 맛있다 맛있다
그런데
냉수만 넘어가고 밥알은 그대로 남은
혼절한 혼밥, 혼자 먹는 한 끼

먹그림 5 - 고등어의 눈물

낡은 추녀와 추녀가 머리를 맞댄 피맛골
한낮을 서성이는 햇살마저 추적대는 골목 찌그러진 막걸리 잔으로 커다란 양재기의 막걸리를 되질하며 누군가 훔쳤을지 모르는 입술을 훔치던 시절 고래를 찾아 청춘을 저당잡힌 골목
고등어 굽는 냄새가 속죄하듯 소낙비로 쏟아지던 그해 우리의 여름은 새까맣게 타 버렸다
누구는 군 입대를 누구는 노동현장으로 누구는 학교로 피맛골을 떠나던 날
왜 그리도 명치끝이 아렸는지
저당잡힌 청춘은 또 어찌해야 하는지
아무도 말이 없었다

고등어 냄새가 어깨를 맞댄 피맛골
갑자기 지인이 보낸 화두
시란 무엇인가?

시꺼멓게 타버린 고등어의 부릅뜬 눈물
시보다 냉정했다

먹그림 6 - 레깅스

팽팽한 지문에 혼절하는
내 눈동자
부끄러움인가?
부러움인가?

첫 단추를 끼우며 - 백수일기9

백수는 아침이 헐겁다 광대처럼 허공에서 아슬아슬한 시간을 줄타기할 땐 땅에 내려서기만 하면 행복할 줄 알았는데 땅에 내려서고 보니 정작 아슬아슬했던 시간이 행복이었다 그래도 백수는 아침마다 헐거워진 하루의 첫 단추를 끼울 수밖에 없다 첫 단추에 울며 삶의 무게를 한 숟가락 덜어낸다 매년 삼백예순다섯 숟가락 덜어냈는데 왜 여전히 삶은 외로운지 누구는 외로울 땐 편지를 쓰고 누구는 전화를 걸고 누구는 노래를 부르고 누구는 시를 쓰고… 이 모든 것이 누구에게는 대단한 일이고 누구에게는 소소한 일이겠지만 백수는 소소한 일상이 멈춘 다음에야 대단한 일과 소소한 일이 같다는 걸 알았다 무의미하고 시답잖게 느꼈던 소소한 일상이 얼마나 대단했고 고맙고 소중한지도 알았다 아침이 헐거운 것도 삶이 외로운 것도 아직 찾아야 할 꿈이 있는 내 행복의 무게라는 것도 일상이 멈춘 후 하루의 첫 단추를 끼우며 알았다 백수는

비방 아닌 비방 - 백수일기10

우스갯소리 잘하는 후배는
백수는 백수다워야 한다며
돈 한 푼 없이 빈둥거리며 놀기만 하는 건달 빈손 맨손인 백수에게 비방(誹謗) 아닌 비방(秘方)을 전수했다 백수의 품격은 사치라며 속옷도 앞으로 입고 뒤로 입고 뒤집어 앞으로 입고 뒤로 입고 최소한 닷새는 입어야한다며 조막만한 얼굴을 닦은 타월 두 장을 빨래통에 던지면서 환경보호 자원낭비니 물 아껴 쓰라며 특별히 선배니까에 힘주며 백수의 품위를 자연인으로 퉁치며 키득거렸다 밉상이지만 미워할 수 없는 후배의 비방 아닌 비방에 난 웃었다
백수는 기생충은 아니니까

이리 씹고 저리 씹고 - 백수일기11

아침 식탁
사라진 입맛을 기억하며
빵 한 조각 입에 넣고 이리 씹고 저리 씹으며
잿빛구름 깔고 앉아 통곡하는 앞산
속내를 알 수 없는 비에
애꿎은 빵만 이리 씹고 저리 씹고

김이 모락모락 오르는
여물 한입 물고 이리 씹고 저리 씹고
밤새 시퍼렇게 얼어붙은 보리밭
칼날 서리에도 긴 속눈썹만 껌뻑이며
이리 씹고 저리 씹던
속내를 알 수 없던 누렁소

3만원의 무게 - 백수일기12

재래시장에서 먹거리를 사오면서
슈퍼는 3만원이 넘으면 문 앞까지 배달해주는데 3만원의 무게를 온몸으로 막아내다 현관에서 3만원이 너무 서러워 그만 털썩 주저앉고 말았다
먹기 위해 사는가? 살기 위해 먹는가?

나와 누에는 - 백수일기13

왜 빗소리는 허기를 불러오는지
빗소리에 실려 온 냄새가 그리워 종일 냉장고 문을 열었다 닫았다 그러다 초저녁부터 화장실만 들락날락거리다 갑자기 웃음이 터졌다 빛이 들어가면 안 된다는 할머니 말을 어기고 가만히 들춰본 잠실 누에 채반에는 알에서 갓 깨어난 새까맣게 꼬물꼬물한 점들이 뽕잎 한 장을 덮고 먹고 자고 자고 먹은 몇 날 손가락만 하게 굵어진 누에 두툼하게 뽕잎 덮어주고 문 닫으면 등 뒤에서 들리던 와삭와삭 버석버석 엄청난 빗소리 문밖에서도 선명한 빗소리 와삭와삭 버석버석 빗방울보다 더 수북한 대단한 똥
냉장고를 열었던 횟수만큼 화장실을 들락거리는 나와 먹고 자고 똥만 열심히 싸던 누에
우린 어디쯤에서 인연이 맞닿을까

백수의 시간 - 백수일기14

자꾸 눈물이 난다.
아침을 든든히 먹었는데 일정한 시간이 지났다고 배가 먹을 것을 넣어달라고 신호를 보내왔다 시간이 흐르면 또 넣어야 된다고 아무거나 먹을 수 없고 그렇다고 원하지 않는데 먹을 수도 없고 그런데 참 신기하다 먹지 않아도 먹어도 하루 세끼 8시간의 간격이 있는데 백수는 8시간이 너무 짧다

出勤과 退勤 - 백수일기15

출근을 한다
옷을 갈아입고 현관문을 나선다
같은 시간 같은 장소 같은 길을 걸어서
매일이 똑같은 일상이지만 어제와 확연히 다른 바람 어제와 확연히 다른 향기 어제와 확연히 다른 햇살 자세히 보아주지 않아도 찬찬히 보아주지 않아도 모두가 제 자리에서 공손하게 빛난다 골목길 돌아 모퉁이 아메리카노 한 잔에 한 잔이 덤인 커피점 그 옆 맛보기용이 수북한 수제빵집 30여년 한자리를 지키는 미용실 반찬가게 어제와 다른 골목 어제와 다른 향기 어제와 다른 얼굴 어제와 다른 웃음이 익숙한 경험보다 더 익숙한 풍경 같지만 다 다른 다르지만 다 같은 시냇물 참새 까치 비둘기 풀벌레 한낮이 서성거린 숱한 발자국 한밤이 두런거린 안개
백수는 출근길을 되밟아 퇴근을 한다
아직 그림자는 발밑에서 서성이는 한낮인데

출구는 어디에나 있다 - 백수일기16

가파른 오르막길
숨넘어가기 일보직전에 만나는 내리막길
숨이 조금 트일 만하면 또 나타나는
깔딱고개

오르막길은 어디에나 있었고
내리막길도 어디에나 있었다

죽을 만큼 힘든 털썩 주저앉는 나를
포기하고 싶은 순간 나타나던 출구
출구는 어디에나 있었다

우린 모두 산이니까

삶이 무거울 땐 산으로 가자
산속에서 우린 모두 산이니까
산도 아프고 힘들 때도 있고 즐겁고 행복할 때도 있으니까

멀리서 보는 산이 평화롭다면 멀리서 보는 우리 삶도 평화롭겠지 가까이서 보는 산속이 치열한 전쟁터라면 가까이서보는 우리 삶도 치열한 전쟁터겠지 산속에 생존의 비밀이 있다면 우리 마음속에도 생존의 비밀이 있겠지

조금이라도 더 좋은 더 많은 자리를 갖고 싶은 건 모두의 희망이겠지 햇살 한 조각 바람 한 점 물 한 방울에도 키 큰 나무는 키 큰 나무대로 키 작은 나무는 키 작은 나무대로 들풀은 들풀대로 발버둥친 우묵한 흔적 툭툭 불거진 옹이는 세월이 수여한 훈장이겠지

이번 생 지구별에서 만난 모든 인연들 어쩌면 다음 생도 함께할지 모르는 고마운 인연들인데

죽자고 덤벼들다 제풀에 주저앉았을 때도 무심한 듯 기다려주는
가벼워도 가볍지 않은 듯 무거워도 무겁지 않은 듯 가르침이 겸손한

삶이 힘들지만 삶을 믿고 싶을 때 산으로 가자
높은 산이 아니어도 좋다
산속에서 우린 모두 산이니까

사람이 섬이다

사람은 섬이다
크거나 작거나 똑같은 섬이다
섬은 실패의 유산을 기억하며 성공을 추억한다 잊자고 아니 잊지 말자고 잊는다고 잊히는 게 아니더라고 웃음도 울음도 성냄도 기쁨도 모두 하나더라고 섬은 물거품 한 조각도 놓치지 않고 온몸에 새긴다 한쪽이 넘치거나 한쪽이 모자라면 두 팔 벌려 섬은 섬끼리 어깨를 맞대고 벌겋게 부풀어 화끈거리던 바다가 날개를 퍼덕거릴 때도 심하게 흔들리며 허우적거릴 때도 섬은 서로 상처받은 섬을 걱정한다 모래톱에 걸린 바다가 무너지지 않는 섬은 없다고 욕망의 민낯을 드러낼 때도 무덤덤하게 섬은 섬 밖 먼 하늘만 응시한다

종일
섬이 듣는 우주별의 순례
심장소리 눈 맞춤 소리
소리도 사랑이라고
매일 다시 태어나는 섬
섬이 사람이다

세월

그림자마저 헐떡이는
산길
사내의 거친 숨소리가
뻐꾸기울음처럼 떨어진다

푸른 물감이 흐드러진 나무에
귀를 대면
백발도 푸른색을 퍼올릴 것 같은데

사내의 흐트러진 그림자에
뻐꾸기울음이 수북하다

바다가 그리운 소라

청계광장에는 바다가 그리운 소라가 있다
그리움이 지문처럼 선명한 몸뚱이는 하늘에 묶어두고 아주 작은 소리도 놓치지 않으려 귀를 모으는

오월의 끝자락
물줄기는 서쪽으로 서쪽으로 달리고
녹음 성성한 귀가 한 뼘보다 짙어진 청계천
꿈결인 듯 폴짝폴짝 징검다리 건너뛰는 영애 경화 비아 숙이… 숫기 없이 내민 손 서로서로 덥석 잡아주는 김, 조, 한, 이… 지금 여기
모두 지금 여기서 소리높인 한바탕 너털웃음

노랑꽃창포 간질이는 잉어와 흰 구름 희롱하는 멧새의 수다가 점점 높아지는 청계천
뒤따라가는 물은 앞서가는 물을 앞지를 수 없고
방금 전 우리 앞을 지나간 물은 다시 만날 수 없는데
서쪽으로 서쪽으로 달린 물은 갯벌을 밟았을까

바다가 그리운
오월의 끝자락에서 다시 눈부신 오월을 이야기하는 우린

언제 어디서부터 함께 걸어 여기까지 왔을까
가슴 푸른 인연은
어제였나 오늘인가 내일일까

성벽 같은 고층건물이 수초에 감긴 천변
풍경 짙은 오월이 잠시 술렁거렸다

못난이

우리 못난이 우리 못난이
멀쩡한 이름 놔두고
우리 못난이 우리 못난이
진짜 못나서 못난 줄 알았던
못난이

대형마트 매대 한가운데
당당하게 자리한
못난이 사과 못난이 파프리카 못난이 참외 못난이 호박
진짜 못나서 못난이인 줄 알았던
못난이들의 유쾌한 반란

진짜 못나서 못난 줄 알았냐고

자서＜시작노트＞

■＜등 따숩고 싶은＞·시에 색을 입히다

　내가 존경하는 임시인님에게서 전화가 왔다. 방금 전 『펜문학』을 받았는데 김시인 시는 딱 봐도 알겠더라고. 딱 봐도 알겠다는 내 시는 어떤 모습일까.

　나는 주로 이미지 즉 시각적 이미지, 청각적 이미지, 공감각적 이미지 등을 사용하여 사람이나 사물로부터 받은 느낌을 형상화한다. 달리 말하면 언어에 색을 입히고 리듬을 더한다.
　삶은 여행과 같다. 지나온 길에서 마주친 순간마다 사진을 찍듯, 그림을 그리듯, 영상을 제작하듯 시를 쓴다. 구태여 탈장르화를 말하지 않더라고 내 시는 인생길에서 마주친 경험을 해학과 풍자를 통해 희화화한 산문시가 많다. 웃음은 공격성과 날카로운 비판의 힘도 있지만 연민과 동정심을 유발시키는 힘도 있다.

　＜고봉밥 같은 낮달＞은 비금도에서 보내온 새우젓을 앞에 두고 보릿고개 시절 친구 어머니의 모습을 플래시백 시켰다. 플래시백은 과거의 장면을 현재 스토리에 삽입하는 편집기법이다. 배고픔이 일상이었던 가난한 60~70년대의 내 고향 동해, 한겨울 우리 집 수돗가에 생태를 쏟아놓고 손질하던 친구어머니와 보리밥이라도 실컷 먹었으면 좋겠다던 친구의 과장된 웃음소리를 지금은 "겨울하늘 고봉밥 같은 낮달에서 눈물냄새가 났다"라고 추

억하고 싶다. 반 고흐의 <감자 먹는 사람들>이 고통스러운 경험이라면 <고봉밥 같은 낮달>은 고통스런 경험을 추억여행으로 색을 입혔다.

> 비금도에서 보내온 새우젓에서 친구 어머니의 눈물냄새가 났다
>
> 평생 바닷가를 떠나보지 못했던 친구 어머니는 소매끝이 콧물자국으로 반들거리는 유난히 눈동자가 까만 친구를 앞세우고 골목으로 들어서고 방금 바다를 떠나온 생태의 두 눈 부릅뜬 아우성을 수돗가에 쏟아놓고 배를 가르고 창자를 빼고 찬물에 헹구고 꼬챙이에 꿰고 일렬횡대로 세워놓고 친구 어머니는 바닷가로 돌아가고 친구는 바닷물 대신 찬바람만 들이키는 생태의 절규를 보리밥이라도 실컷 먹었으면 좋겠다며 높게 웃었다
>
> 비금도에서 보내온 새우젓
> 친구도 보리밥도 고봉밥도 없는데
> 겨울하늘 고봉밥 같은 낮달에서 눈물냄새가 났다
> <고봉밥 같은 낮달>전문

그림은 선이나 색채를 이용하여 이미지나 모양을 나타낸다. 특히 <비만 쫄딱 맞은>은 봄 풍경을 청각적, 시각적 이미지를 사용하여 현장감을 생동감 있게 그려냈다.
장대비가 내리는 산, 그것도 아카시꽃, 이팝나무꽃, 층층나무꽃이 흐드러진 봄 어느 날의 산이다. 농막에서 산신처럼 살고 있는 노시인도 장대비에 꽃이 흐드러지게 핀 날이면 춘정이 몸부림으로 변하나보다. 검은등뻐꾸기 일명 홀딱벗고새가 '홀딱 벗고' '홀딱 벗고' 할 때마다 정

말 '홀딱 벗고' 싶다는 고백과 오버랩 되어 장대비 속 산길을 걷는 나를 홀딱벗고새가 '홀딱 벗고' '홀딱 벗고'했지만 홀딱 벗지 못하고 비만 쫄딱 맞는 우스꽝스런 장면을 연출했다. '홀딱 벗고'의 반복적 사용으로 익살스런 웃음을 경험하고 함께 공유하게 한다.

산이 불렀다
아카시꽃, 이팝나무꽃, 층층나무꽃이 흐드러졌다고, 온산이 하얗도록 흐드러졌는데, 어제부터 내리는 장대비에 더 흐드러졌다고

청춘보다 더 청춘인, 산속 농막에서 산신처럼 사는, 노시인은 검은등뻐꾸기, 홀딱벗고새가 홀딱 벗고, 홀딱 벗고 할 때마다 정말 홀딱 벗고 싶은데, 아직 홀딱 벗지 못 했다고 고백했다

장마철은 아직 멀었는데 장대비에 하얗게 홀딱 벗은 산, 아침부터 산속을 허청거리는 나를 앞질러가며 뒤따라오며 홀딱 벗고, 홀딱 벗고, 홀딱 벗으란다

붙잡고 싶은 청춘도 벗고, 보내고 싶은 세월도 벗고, 얽히고 설킨 번뇌 망상도 벗고, 그렇게 벗고 벗고 홀딱 벗으란다

내일 모레가 팔순인 노시인을 핑계로 손사래 치는 나를 홀딱벗고새는
어깨를 내리치며 홀딱 벗고, 홀딱 벗고
장대비를 앞질러 가는 나를 악착같이 따라오며 홀딱 벗고, 홀딱 벗고

홀딱 벗지는 못하고 비만 쫄딱 맞은
<비만 쫄딱 맞은> 전문

　사진은 물체의 형상을 감광막 위에 나타나도록 빛을 이용해 만든 영상이다. <등 따숩고 싶은>은 하이키사진처럼 밝고 가벼운 느낌과 환성적인 분위기를 묘사하여 의미전달보다는 표현 그 자체에 중점을 두었다. 동시에 평범한 일상어를 사용하여 편안하고 자연스럽고 쉽게 읽히도록 했다.
　햇살이 따뜻한 골목길 보도경계석에 꽃무늬 모자를 쓴 할머니들과 야쿠르트아줌마가 일렬로 앉아 아이스크림을 먹고 3박자 커피를 마시고 있는 장면은 햇살보다 더 따뜻한 풍경이다. 우리는 누군가와 서로 등을 기대본 기억이 있다. 아웃포커스로 배경을 지우고 '등 따숩고 싶은' 인물과 '등 따숩고 싶은' 장소만 강조한 감성적인 사진을 감상하며 누군가와 '등 따숩고 싶은' 경험을 공유하게 해 보았다.

　　햇살이 등 따순 골목길 보도경계석
　　일렬로 앉은 할머니들 옆에 자리 잡은 프레시 매니저 프레시 매니저보다 야쿠르트아줌마가 더 익숙한 야쿠르트아주머니도 할머니의 시간에 앉았다

　　그림자 사이로 떨어지는 햇살이
　　그림자에 흔들린다

　　늙어서도 꽃이고 싶은 꽃무늬 모자로 세월만큼 구부정한 시간은 가렸지만 모자 밖으로 삐져나온 눈부시게 화사한 귀밑 흰 머리칼은 어쩌지 못한

오후 풍경이 웃는다

아이스크림을 핥으며
바람에 벗겨진 꽃모자를 한 손에 들고 부끄러워 웃다가 서로 미안해 웃다가 수줍은 손사래가 고마워 웃다가 그리고도 한참 식어버린 3박자커피가 아쉬운 시간 할머니들이 느릿느릿 풍경 밖으로 나가고 야쿠르트아주머니도 야쿠르트 카트와 함께 풍경 밖으로 나가고

체온만 남은 골목길 보도경계석
햇살 등 따순 풍경

나도 누군가와 등 따숩고 싶은
　　　　<등 따숩고 싶은> 전문

  칼 구스타프 융의 동시성으로 설명하지 않더라도 개인이 경험한 파편들이 인과적인 연결이나 시간적인 나열과는 상관없이 같거나 비슷한 사건이 의식과 외부세계에서 동시에 일어날 때 우리는 경험했던 기억과 같다는 착각에 빠지게 된다. 사람들은 나이를 먹으면 먹을수록 시간이 더 빨리 지나가는듯한 느낌을 받는 것도 단순한 착각이 아니라 우리 뇌의 작용과 삶의 변화가 맞물린 결과라고 한다.

제11시집 <등 따숩고 싶은>을 내면서 우리가 기억하고 있는 경험과 웃음을 함께 나누고 싶다.

김명옥 제11시집

등 따숩고 싶은

초판 인쇄; 2025년 06월 30일
초판 발행; 2025년 07월 03일

지은이 ; 김명옥
발행인 ; 김유권
펴낸곳 ; 도서출판 오늘
주　소 ; 서울특별시 구로구 구로동 609-24
전　화 ; 02-830-0905
등　록 ; 제25100-2011-00061
인　쇄 ; 02-2273-3213
저자멜 ; 030mok@hanmail.net

ＩＳＢＮ ; 979-11-90384-31-5 (03810)

값 14,000원